KB164719

결혼에 목매지 말고,
부동산 투자부터
시작했으면 좋겠습니다

결혼에 목매지 말고, 부동산 투자부터 시작했으면 좋겠습니다

우주방랑자
지음

렛츠북

"투자는 모르겠고, 경제 공부 좀 시작해보고 싶어서 참석하게 됐어요." 오래전 경제 독서 모임 첫 만남, 우주방랑자의 자기소개였다. 재테크와 경제 이론 모든 분야에서 호기심이 참 많았던 친구. 경제 서적이라면 편식하지 않고 읽던 친구가 이번엔 직접 경제 서적을 냈다. 친구의 처음을 알기에 누구나 꾸준함만 있다면 못할 것이 없다는 생각이 절로 든다. 끝으로, 경제부 기자도 해내기 힘든 인터뷰 일을 끈질기게 마무리한 것에 박수를 보낸다. 경제 공부와 함께 따라온 부는 덤!

– **김도년** 기자, 책 『기업의 거짓말』 저자, 경제 방송 1위 콘텐츠 '삼프로TV' 출연

우주방랑자는 그간 분양권 수업 수강생 중에서도 특히 기억에 남는다. 궁금한 부분은 끝까지 파고드는 면모를 보고 '이분은 분명 잘될 사람이다'라고 생각했다. 그러면서 동시에 이 책을 읽고, 역시 그녀는 '성공할 수밖에 없는 사람'임을 다시금 확인했다.

– **해안선** 분양권 투자 멘토, 유튜브 '해안선TV' 운영자

혹시나 찾을 수 있을지도 모를 인생 팁 하나를 건져내기 위해 저 멀리 한반도 남쪽 끝에 위치한 거제도의 부속섬인 가조도 바닷가 촌집까지 찾아온 것만으로도 저자가 삶을 대하는 스탠스가 얼마나 열정적이고 진지한지 엿볼 수 있었다. 긍정적이고 유쾌하지만 때론 진중하고 관념적인 이 책을 대학생 두 딸에게 필독을 권유하고자 한다. 책 속에서 살짝 스쳐 지나가는 나의 이름에 대해 반가움을 그리고 이 사회에 첫발을 내디딜 도전자의 방향성을 찾길 바라는 부성애의 발로다.

- 바이런베이, 책『젊은 부자의 법칙』저자

첫 책『갓생사는 엄마들』원고 마감 후 제목을 짓고 있다는 글을 블로그에 올렸다. 낯선 이의 댓글, 우주방랑자였다. "저도 인터뷰 책을 준비 중인데, 조언 좀 구할 수 있을까요?" 그렇게 시작된 온라인 인연은 오프라인 만남으로 이어졌고, 누군가를 인터뷰하는 작가라는 공통분모를 바탕으로 경험과 고충을 나누는 사이로 발전했다.

이 책은 평범한 여성이 전국 곳곳을 돌며 숨어있는 투자 고수를 발굴해, 부린이의 시선으로 가질 법한 궁금증을 대신 물어본다. 금리 인상과 자산 가치 하락으로 어느 것 하나 쉽지 않은 시기, 이 책을 읽다 보니 나도 한번 제대로 투자해보고 싶다는 용기가 생긴다.

- 염희진 기자, 책『갓생사는 엄마들』저자

누구에게나 감추고 싶은 이야기가 있다. 기왕이면 묻어두고 싶은 이야기. 하지만 내가 본 우주방랑자는 피해 가는 법이 없다. 솔직함이 이토록 빛날 수 있는 재능이란 사실을 그를 보며, 그의 이야기를 읽으며 느낀다. 그리고 이내 나도 모르게 뒤따라가고 싶어진다. 이 책이 많은 여성에게 좋은 영향을 줄 수 있길 바란다. 혼자 또는 둘이 살더라도, 혹은 그 이상과 살더라도 언제나 내 인생의 주연 자리를 놓칠 마음 없이 살았으면 좋겠다. 나도 할 수 있을까 주저하던 나에게 도전의 도화선이 되어준 우주방랑자가 이제는 당신의 도전을 시작하게 해주기를 기대한다.

- 전소라 성교육 컨텐츠 기획가, 그림책 『다른 모양이면 어때』 저자

언제나 처음은 중요합니다. 제가 경제에 눈을 뜨게 된 이유와 부동산 공부를 시작하게 된 계기는 우주방랑자님에게 받은 '용기'였습니다. 덕분에 이제는 우물 안 개구리처럼 월급만 바라보고 '언제 내 집을 마련하지?', '언제 경제적 자유를 얻지?' 하며 한숨 쉬지 않게 되었습니다. 나의 때가 오기를 준비하며 기다리고 있기 때문입니다. 이 책은 우리가 직접 만나기 어려운 숨은 고수분들의 꿀팁과 우리 주변의 평범한 사람들처럼 청약도 잘 몰랐던 사람이 투자까지 하게 됐는지 한 여성의 성장 이야기가 담겨있습니다. 책을 통해 많은 분이 저처럼 막연한 두려움에서 벗어나 용기를 얻었으면 하는 마음입니다.

- 아리까리 블로그 구독자

평범한 사람들의 자수성가 이야기가
그토록 궁금했던 이유

매월 찍히는 월급으로는 도저히 답이 나오지 않아 청약제도도 잘 모르던 사람이 연봉의 2배나 되는 금액의 신용대출을 일으켜 첫 부동산 투자를 시작했습니다. 여전히 돈에 대한 결핍이 완전히 해소되진 않았지만, 예전보다는 미래가 두렵지 않습니다.

몇 년 전, 저는 사랑하던 사람과의 결혼을 앞두고 '막연한 두려움'과 더 늦기 전에 '여성으로서 좀 더 당당한 삶'을 살아보고 싶다는 저의 욕심으로 많은 고민 끝에 파혼을 결심하게 됐습니다.

하지만 그 후 제가 마주한 현실은 저의 소중한 사람들에 대한 '미안함'과 '자책감'으로 참 많이도 울며 하루하루를 보내야만 했습니다. 그 누구도 아닌 저의 선택이었고, 선택에 따른 책임을 져야 한다 생각했기에 원망의 대상이 없다는 사실은 더욱 저를 힘들게 했습니다.

많은 시도를 해봤지만, 그중 제 삶을 예전보다 월등히 나아지게 한 것은 단연코 부동산 투자였습니다. 돌이켜보니 저를 불안하게 했던 모든 요소의 근본적인 이유가 결국 '돈'으로부터 비롯된 것 같았거든요.

그러던 어느 날, '직접 숨은 고수들을 발굴해서 『럭키』의 저자 '유튜버 김 작가 선생님처럼 인터뷰를 해보면 어떨까?' 하는 생각이 불현듯 떠올랐고, 그 생각이 바로 이 책의 시작입니다.

그렇게 우주방랑자의 프로젝트
<꼭 한번 만나 뵙고 싶습니다>가 시작되었습니다.

치열하게 살아온, 그리고 평범함 속에 비범함을 갖추게 된 멋진 분들을 진심으로 정말 만나보고 싶었습니다. '그들은 어떻게 성공했을까?' 궁금했습니다. 인맥 하나 없던 제가 숨은 고수분들을 만날 방법은 '블로그'를 뒤지는 일이었고, 이를 통해 전국 곳곳의 숨은 고수 총 20여 명을 만났습니다. 아쉽게도 여러 사정으로 그중 네 명과의 인터뷰만 책에 담았습니다. 저에게 소중한 시간을 내어주신 모든 인터뷰이 분들의 인터뷰를 담지 못해 죄송한 마음이 큽니다.

인터뷰 과정은 생각보다 쉽지 않았습니다. '평범한 내가 인터뷰한 내용을 과연 정말 사람들이 궁금해할까?'라는 생각들이 계속해서 저의 발목을 잡았기 때문입니다. 중간에 포기할까 하는 말 못할 순간들이 정말 많았지만, 처음 본 우주방랑자의 인터뷰 프로젝트 취지에 진심으로 공감해준 분들이 있었기에 끝까지 실행할 수 있었습니다.

인터뷰 내용은 부동산의 분야별 이론적인 이야기가 아니라 우리 주변에선 만나기 어려운 고수분들의 실질적인 꿀팁 이야기가 가득 있습니다. 항상 우리가 궁금한 것은 공개적인 듣기 좋은 이야기가 아니라 '찐 경험담'이지 않을까 싶습니다. 더불어, 이 책에는 다양한 직업군의 고수분들이 자신만의 노하우로 부동산 투자에 성공하신 분들의 이야기와 함께 '우주방랑자의 성장 이야기'도 담았습니다.

'우주방랑자님. 저 이거 책으로 꼭 내주시면 안 돼요?
대단한 사람들의 자기계발서보다 너무 동기부여가 돼요.'

위에 글은 언젠가 저의 경험을 제법 길게 쓴 블로그 포스팅에 달린 댓글입니다. 대다수 부동산과 관련된 책들은 결혼했거나 자녀가 있는 가구들을 위한 정보를 담고 있는 경우가 많습니다. 하지만 어떤 방법론적인 이야기보다 '저의 경험'을 통해 저는 '혼자여도' 부동산은 우리 삶에서 꼭 관심 가져야 할 영역이고, '혼자라서' 더 서툴겠지만 결국엔 그 두려움을 딛고 일어설 수 있다는 이야기를 해주고 싶었습니다.

누군가에게는 저의 이야기가 아무 일도 아닐 수 있고, 누구나 그런 삶을 살고 있다고 치부할 수도 있습니다. 하지만 부디 단 한 명이라도 저의 이야기로 용기를 얻을 수 있다면, 그걸로 충분합니다. 항상 마음 한켠, 예전의 저와 같은 보이지 않는 어두운 터널 안을 홀로 걸어가고 있다는 생각을 하는 모든 이들을 응원하고 싶었습니다.

그 누구에게도 불가능할 것만 같았던 '처음'은 있습니다.

자, 이제 평범한 사람들이 비범함을 만들어낸 그 이야기 속에 깊게 한번 빠져보길 바랍니다.

· 목차 ·

Episode 2.
삼각 김밥 노동자에서 시작된
우주방랑자의 성장 이야기

Episode 3.

경알못이 부동산 투자자가 되는
네 가지 단계

Episode 1.

숨은 고수들을
만나다

어려운 재개발 투자의
귀인을 꿈꾸는 건설사 직장인

큰돈은 갭투자가 아니라
재개발에서 벌 수 있습니다.

– 재건축·재개발 네이버 프리미엄 콘텐츠 창작자, 블로거 **휴식이형**

인터뷰이 정보

연령	40대 남성
직업	건설 분야 대기업 직장인
직책 및 연봉	과장 / 9,000만 원
자산	200억 원
투자 분야	재건축·재개발, 갭투자
종잣돈	1억 원

그는 어릴 적 작은 어촌 마을에서 자랐다. 원양어선을 타시던 아버지는 집에 돌아오실 때, 그에게 바나나를 꼭 사다 주셨다. 당시 바나나는 평범한 서민들 월급 수준의 절반 이상을 거뜬히 넘는 귀한 먹거리였다. 그만큼 구하기 어려웠기에 그는 아버지가 바나나를 사 오실 때면 세상을 다 얻은 것처럼 행복해했다고 한다.

그는 생각했다.

'나중에 어른이 되면, 나도 아버지처럼 내 아이들에게 귀한 것들을 마음껏 해줄 수 있는 멋진 가장이 돼야지. 하지만 이곳 말고, 서울에 갈래. 분명 서울에 가면 더 멋진 꿈들을 꿀 수 있을 거야.'

순한 그는 학창시절 열심히 공부해서 졸업 후 국내에서 손꼽히는 유명 기업에 입사했다. 머리도 명석해 늘 회사에서도 인정받는 직원이었다. 그러다 우연히 서울 한복판에서 한눈에 반한 여자와 결혼을 했고, 당장은 모아 놓은 돈이 넉넉하지 않다고 생각한 그는 회사 선배들의 조언에 따라 신혼집을 전세살이로 시작했다.

하지만 첫 전셋집의 임대인 등기부등본을 확인하고, 그는 몰랐던 사실을 깨닫게 된다. 임대인은 대출 없이 차곡차곡 모아둔 현금으로 집을 사는 것이 아니라 대출을 받아 아직 짓지 않은 집을 사놓고 나중에 임차인의 보증금으로 집의 소유권을 얻는다는 것을.

학창시절 열심히 공부했지만, 단 한 번도 들어본 적 없던 이야기였다. 그것이 바로 '자본의 맛'을 본 사람들만이 알고 있는 '진짜 세상'인 것이다.

만남

나는 그를 부동산 빅데이터 플랫폼 '아실앱' 대표자(유거상), 블로그 '재건축·재개발 추천 블로그' 공지글로 우연한 기회에 알게 되었다. 그리고 그가 낸 재건축·재개발 공부법에 관한 무료 나눔 전자책 서두에 '저의 지식으로 누군가의 인생이 바뀌는 것에 희열을 느낍니다. 인생을 바꾸는 소중한 귀인이 되고 싶습니다'라는 말이 있었다. 그때는 '참 마음이 따뜻한 분'이라고 생각하며 넘겼다.

그러던 어느 날, 그의 블로그에서 '부동산 매수 상담 이벤트' 글을 읽게 되었다. 부동산에 대한 사연(실거주, 투자, 갈아타기 등)을 써서 응모하면 그중 선별해 구체적인 포트폴리오를 상담해주는 이벤트였다. 이벤트 취지도 그렇고 문득 그의 책 서두에서 읽었던 말이 떠올랐다. 다른 사람이라면 고액의 돈을 받고 할 일을 어떤 대가도 받지 않고 진심으로 도우려는 마음이 내게도 고스란히 전해졌다. 나는 '아 이거다!'라는 생각이 들어 그를 꼭 만나보고 싶었다.

단, 한 가지 걱정됐던 점은 나누려는 마음과는 별개로 그는 왠지 인터뷰 프로젝트로 만남을 요청한다면 거절하지 않을까 하는 생각이 들었다. 그래서 '혹시 이벤트에 선정되면 그때 매수 상담 대신 인터뷰에 응해달라고 요청해봐야겠다'라고 단단히 마음먹고 혼을 다해 이벤트에 열심히 응모했다. 나의 정성에 하늘이 도운 건지 이벤트 선정 후 우리는 정확히 2주 뒤에 만나게 되었다.

"상담하고 싶은 내용에 대해 미리 적어 보내주시면 정해진 날짜에 전화로 상담해드리겠습니다"

"아…. 그런데, 혹시 제가 인터뷰 프로젝트를 하는데요…. 제게 주어진 매수 상담 기회를 인터뷰로 대신해주실 수 있을까요?"

"네? 아…. 그런데 별로 할 말이 없는데……."

"그래도 일단 만나주실 수 있을까요?"

"음…. 네, 그래요."

그렇게 그와의 만남이 시작되었다.

🅠 간단한 자기소개 부탁드립니다.

🅐 저는 건축학도로서 국내 TOP10 안에 드는 건설사에 10년 이상 재직하고 있는 40대 회사원이자 재건축·재개발 블로거 '휴식이형'이라고 합니다. 부동산 투자한 지는 약 8년 정도 되었는데, 전공도 그렇고 하는 일도 건설업이다 보니 낡은 집들이 새집으로 변하는 모습을 자주 지켜보며 밸류업(value-up) 하는 것에 대해 많은 것을 배울 수 있었어요.

밸류업은 새 아파트로 구성된 대규모 주거벨트가 형성되면 아파트만 지어지는 것이 아니라 이 지역 일대 주변 환경들도 변화하는 것을 말합니다. 즉, 단층이나 저층의 낮은 상가들만 있던 곳에 새 아파트 외에도 단지 내 깨끗한 상권, 편리한 교통, 단지 외 고층상가 등 다양한 생활 인프라도 함께 생기게 된다는 거죠. 그러면 동네 분위기가 바뀌고 지역의 위상이 높아지게 됩니다. 대표적인 예로 서울 동대문구 청량리가 있습니다. 청량리역 일대는 속칭 '청량리 588'이라 불리던 집창촌 흔적이 남아있어 '낙후된 도심'이라는 이미지가 강했습니다. 하지만 지금은 이 지역 일대가 초고층 주상복합건물들로 변모 중이며, GTX 노선, 수인·분당선, 면목선 등 다양한 교통 호재들이 예정돼있어 앞으로는 '강북의 신흥 부촌'으로 자리매김하게 될 것이라는 예측들이 쏟아져나오고 있습니다. 대규모 재개발로 지역이 밸류업되는 과정들에 궁금하다면 신문 기사에 '도시정비형 재개발'이라고 검색해보면 더 쉽게 이해하실 수 있으실 거예요.

그동안은 회사 일은 일대로 하고, 개인 시간에 투자 매물 찾으며 임장*을 가다 보니 SNS를 할 시간이 없었어요. 하지만 올해부터는 블로그를 시작하고 전자책도 무료로 공유하게 되었습니다. 기록도 할 겸 오랫동안 이론이나 경험을 통해 쌓아두었던 제 인사이트를 많은 분에게 공유하면 어떨까 하는 생각이 들었거든요.

사실 재건축·재개발이라는 분야가 처음에는 굉장히 어렵게 느껴져 투자하기 쉽지 않을 겁니다. 더군다나 요즘 청약도 당첨되기 너무 어렵고요. 하지만 새 아파트에 살고 싶다는 생각은 누구나 하잖아요. 이를 이루기 위해서 저는 그 답이 재건축·재개발에 있다고 봅니다.

재건축·재개발을 매수하면 청약 필요 없이 100% 새 아파트에 살 수 있습니다. 저는 어려운 재건축·재개발을 쉽게 알려주고, 집이 꼭 필요한 사람들에게 도와줄 수 있는 사람이 된다는 것에 큰

* 임장: 부동산의 시세 파악과 지역 현황을 알아보는 종합적인 활동.

의미를 두고 있습니다. 앞으로도 누군가를 도와줄 수 있는 '귀인'
이 되고 싶습니다.

ⓠ 첫 투자 계기와 종잣돈은 얼마였나요?

오르는 것을 경험해야 투자에 확신을 갖게 된다.

ⓐ 제가 2012년 결혼을 하고, 첫 신혼집은 전세를 구했어요. 신축
아파트였는데 그때는 대출에 대한 막연한 두려움이 있던 터라 대
출을 받아 집을 사야겠다는 생각은 하지도 못했어요. 집은 돈을 차
곡차곡 모아서 사는 것이라고 알고 있었을 때라서요. 그런데 제가
계약한 신축 아파트의 임대인 등기를 보니 대출이 많더라고요. '집
은 꼭 저축해서 모은 돈으로 사는 것이 아니라 먼저 대출을 일으킨
후 나중에 세입자의 보증금을 활용해서 상환하는 방법이 있구나'
라고 저절로 그 원리를 깨닫게 됐습니다. 그 뒤, 저도 '집을 사야겠
구나'라고 확신하게 되어 사는 집 근처에 입주 예정인 아파트를 무
작정 찾아봤어요.

전 처음부터 구축 아파트보다는 새 아파트가 가치 있다고 생
각했기 때문에 입주권* 중심으로 알아봤어요. 당시는 서울의 본격

---

* '주택재건축'이나 '주택재개발' 사업의 '조합원'이 새 아파트를 얻게 되는 '권리'를

적인 시세 상승이 시작되기 직전이라 관리처분인가, 이후의 입주권도 프리미엄이 정말 저렴한 단지들이 많았거든요. 우선 거주지였던 은평구를 기준으로 매물을 알아보니 역세권에 있는 신축과 마을버스 타고 한 번 더 들어가야 하는 매물의 가격 차이가 별로 안 나는 거예요. 그래서 역세권 집을 매수하게 되었습니다.

당시 프리미엄**이 저렴할 때라 계약금과 프리미엄을 합쳐서 1억 원이 들었어요. 그때 든 1억 원은 와이프와 제가 모아두었던 전 재산이었기에 더 기뻤습니다. 전 재산을 손해 보지 않고 오히려 증식시킨 거니까요. 시간이 지나 현재는 매입을 고민했었던 다른 집보다 시세가 좋은 흐름으로 가고 있어 더 투자에 자신감을 갖게 되었습니다.

첫 집이 오르는 것을 경험하고 그 과정을 지켜보는 것에 재미를 느끼면서 부동산 투자를 적극적으로 해봐야겠다고 마음먹게 되었습니다. 특히 가장 큰 배움은, '뭐든 다 지어져야 값이 더 많이 오른다'는 것과 '제가 취득한 총 매수가격이 몇 년 후의 전세금과 비슷해지면 입주 시엔 내 돈이 더 이상 들어가지 않는다'는 사실이었습니다. 저는 그것을 '신축 플피'(신축 플러스피)라고 칭합니다.

말하는 것으로, 일반적인 분양 아파트의 공급 계약을 통해 얻게 되는 '분양권'과 차이가 있다.

** 입주권이나 분양권의 원 분양 가격에 더해지는 '웃돈'.

뭐든 오르는 것을 직접 경험해봐야 투자에 재미를 붙일 수가 있는 것 같아요. 다른 사람의 경험담을 듣는 것도 중요하지만 결국 자기가 경험해보지 않으면 남의 이야기처럼 들립니다. 꼭 직접 경험해보시길 추천합니다.

Ⓠ 포트폴리오 구성은 어떻게 되나요?

Ⓐ 네. 우선 전 현재 부동산에만 100% 자산이 집중돼있습니다. 저는 저 스스로 이 대상에 투자해도 되겠다 하는 확신이 있을 때 투자한다는 원칙을 가지고 있어요. 그렇다고 주식을 아예 안 한 건 아니지만 제 기준에서 주식은 싸다, 비싸다 같은 가치 판단에 확신이 잘 들지 않더군요. 그에 반해 부동산은 어느 정도 가치 판단의 측정이 가능하기에 투자에 대해 확신을 할 수 있어 적극적으로 하고 있습니다.

예를 들어, 부동산은 '전세가'라는 하방이 버텨주고 있기 때문이기도 하죠. 2014년부터 투자를 했기 때문에 아직 하락장을 겪어보지 않아서 그런 것일 수도 있겠지만, 지금까지 한 번도 실패해본 적은 없습니다. 운이 좋기도 했죠.

세부 종목을 말씀드리자면 재건축·재개발이 80% 정도 되고요.

재개발 물건 안에서도 토지, 빌라, 꼬마빌딩 등 다양하게 구성돼있어요. 분양권, 갭투자 외에도 방법적인 측면에서 법인 투자, 경매 투자 등 다양하게 하고 있습니다.

재건축·재개발의 비중이 높은 이유는 무엇인가요?

정보의 비대칭성이 큰돈의 기회다.

아무래도 재개발은 일반 아파트처럼 정보가 완전히 개방돼있진 않아요. 하지만 바로 이 정보의 비대칭성에서 큰돈을 벌 기회가 제공한다고 생각합니다.

아파트 일반 매매는 사실 리스크 부담이 크지 않기 때문에 안전할 순 있지만 대신 동일한 단지를 몇억씩 싸게 사는 일은 발생하기 어려워요. 하지만 재개발은 이게 가능하죠. 매도자의 상황마다 매가가 정말 달라서 매물만 철저히 분석해놓아도 몇억씩 살 수 있는 게 실제로 가능해요. 그래서 재개발은 임장 시 주변 지역 확인을 목표로 하기보다는 인터넷에서 할 수 있는 매물 조사*를 최대한 끝내놓고 인근 모든 부동산 중개소에 가서 내가 조사한 매물보다

* 인터넷(네이버 부동산, 블로그 등)이나 부동산 중개소를 통해 매도 매물들의 가격을 조사하는 행위.

더 싸게 살 수 있는 매물이 있는지 확인하는 것이 목표고 훨씬 중요합니다.

개인적으로는 매물 조사가 선행되지 않은 임장은 의미가 없다고 생각해요. 그래서 현장을 굳이 많이 돌아다니는 것보다 손품으로 최대한 많은 것들을 파악하고, 현장은 손품으로 확인하기 어려운 것들만 확실히 확인하고 있습니다.

팁을 하나 드리자면 재개발 임장할 때 중개소의 특징이 있는데요. 크게 세 분류로 나눌 수가 있어요.

① 재개발 전문 부동산
② 구역 내 동네 부동산
③ 할아버지 부동산

첫 번째 재개발 전문 부동산의 장점은 물건이 많고, 투자금 별로 딱딱 찍어주기도 하고 브리핑이 아주 훌륭해요. 재개발만 전문으로 하시기 때문에 지역 내 구역들을 다 꿰고 있으니까요. 그래서 어떻게 보면 초보 투자자에겐 오히려 이렇게 재개발 전문 부동산에 가시는 게 좋을 수 있어요. 구역을 다 꿰고 있어 재개발 부동산에 대해 전반적으로 공부하기 좋거든요. 하지만 대신 그만큼 전국구로 투자자 손님을 확보하고 있어 급매를 만나긴 어렵죠.

두 번째, 구역 내 부동산은 지역을 통틀어 재개발뿐만 아니라 다른 거래도 중개하고 있어서 자기 구역만 딱 알고 있는 경우가 많습니다. 그래서 재개발에 관한 세세한 정보나 전문 지식은 좀 부족할 수 있어요. 하지만 친절하기도 하고 급매를 만날 확률이 없진 않아요.

마지막 세 번째는 할아버지 부동산인데요. 할아버지 소장님들의 장점은 보통 그 동네 정말 토박이라 매도자분이 할아버지 친구분인 경우가 많아서 매도자의 사정을 아주 잘 알고 계세요. 오래전에 싸게 산 매물이라 어느 정도의 이익만 생각한 매도금액을 제안하기도 하고, 가끔은 정말 말도 안 되는 급매들이 나오기도 하고요. '그러니 본인이 투자에 좀 자신감이 붙었다' 하시는 분들은 할아버지 부동산을 적극 활용하는 것도 급매를 만나기 아주 좋은 방법이에요. 다만, 구역 내 오래 계셨기 때문에 부동산 거래 시 매도자 편에서 협상할 수도 있고 친절한 서비스는 크게 기대하지 않는게 좋습니다.

이렇게 재개발의 경우는 내가 매물 조사를 어느 범위까지 확인했느냐에 따라 매수가를 다르게 살 수 있어서 더 열심히 손품과 발품을 팔아야 하고 열심히 한 만큼 일반매매보다 더 큰 보상을 받을 수 있다고 봅니다.

또한, 재건축·재개발 투자는 세금 부분에서도 이점이 있는데요. 부동산 투자를 할 때 갭투자만 했다면 주택 보유 때문에 세금 부담이 상당했겠지만, 전 대부분 기존 건물을 헐고 새 건물들을 짓는 재건축·재개발에 투자했어요. 사업의 절차상 관청에서 재건축·재개발에 대한 '관리처분인가'가 나면 더 이상 주택으로 취급하는 것이 아닌 '토지'로 취급되면서 '권리'로 변경이 됩니다. 토지는 주택보다 보유세 측면에서 유리합니다. 예를 들어, 현재 제가 보유하고 있는 전주의 한 재개발 구역은 프리미엄이 4~5억 원 정도 상승했지만, 보유세는 연 3만 원밖에 나오지 않았어요. 만약 이를 주택으로 소유했다면 세금 부담이 몇백만 원은 됐을 겁니다.

Q 그럼 현재 총자산과 투자 물건은 어느 정도인가요?

A 총자산은 200억 원 정도 됩니다. 보유 물건은 30개 이상입니다. 하지만 저는 총자산보다는 상승한 금액, 즉 상승한 자산(수익)이 중요하다고 생각하는데요.. 상승한 금액은 약 100억 원 정도입니다. 요즘에는 부동산 시세가 많이 떨어지고 있어서 상승 금액이 점점 줄어들고 있긴 해요. 일부 수익 실현 부분도 있지만, 여전히 보유하고 있는 물건 같은 경우는 사이버머니처럼 느껴져 실감이 안 나기도 합니다.

서울에 투자했던 물건들은 일부 임대사업자를 등록해서 종부세에서 혜택을 많이 받았습니다. 물론 장기적으로 팔지 못하는 단점도 있지만요. 제 투자 사례에 빗대어 투자 조언도 해드리자면, 지금도 비조정지역 빌라 물건들은 임대사업자 등록이 가능해서 광역시급에서 사업성이 좋을 거로 예상되는 구역에 실투자금을 적게 해서 장기적으로 투자하는 것도 방법일 수 있습니다.

ⓠ 투자를 줄곧 공격적으로 해온 건가요? 그리고 투자금은 어떤 방법으로 마련했는지 궁금합니다.

돈은 통장 잔고가 아닌 머리에서 나온다.

대출의 생리를 이해하라.

ⓐ 현재는 보유 물건이 많은데, 처음부터 이렇게 많았던 것은 아닙니다. 처음 몇 년간은 1년에 1~2건 정도 매수를 했어요. 전 투자금 마련에 주로 대출을 활용하는 편입니다. 절약해서 돈을 모으는 방법도 있겠지만, 현실적으로 월급을 모아서 생활비를 감하고 돈을 모은다는 것은 쉽지 않다고 생각해요. 그래서 대출을 잘 활용하는 것이 중요합니다. 대출을 받아 집을 샀는데 그 집값이 오르면 담보평가액이 높아져 추가로 또 대출을 일으킬 수 있거든요.

방법론적을 말씀드리자면, 본인이 현재 사는 집으로도 '생활안정자금 대출'을 받을 수 있기도 하고, 또 본인이 할 수 있는 사업자를 내서 후순위로 '사업자 대출'을 받는 방법도 있어요. 법인을 통해 매출을 일으켜 추후 대출을 받을 수도 있습니다. 하지만 한 가지 당부드리고 싶은 것은 대출은 정부가 통화 정책 기조를 어떻게 하느냐에 따라 달라지는 부분이 많으니, 정부 정책 변화를 기민하게 공부하고 은행별로 상담해보면서 본인의 상황에 맞는 대출 전략을 짜야 한다는 점입니다.

또한, 대출을 받는 것을 꼭 좋다, 나쁘다 하는 관점으로 판단하는 것보다 선행되어야 할 일은 투자해도 되겠다는 투자 대상에 대한 확신이 우선이라고 봅니다. 투자하고 싶은 물건에 확신을 가진 후 그것에 맞게 투자금을 마련할 방법을 적극적으로 탐색해보는 것이 중요하다고 생각합니다.

방법은 무궁무진해서 모든 내용을 다 담긴 어렵고요. 대출상담사나 은행에 직접 전화해서 본인의 상황에 대해 말하고, 대출 조건들을 다양하게 알아보시는 것을 추천하고 싶습니다. 대출을 활용하는 것도 중요한 능력 중에 하나라는 점 꼭 기억해주세요.

저의 경우도 처음에는 대출을 받았던 물건들의 이자가 부담되었는데요. 재개발은 입주하게 되면 대출을 전세로 다 갚을 수 있어서 대출을 크게 줄일 수 있었습니다. 즉, 입주 시엔 늘 전세금으로 투자금이 회수되기 때문에 다음 투자처의 자금으로 활용할 수 있다는 것입니다. 이 원리가 앞서 말씀드린 '신축 플러스피'라고 할 수 있겠네요.

🔵 저축, 소비, 투자 중 무엇이 가장 중요하다고 보나요?

당연히 '투자'가 중요하다. 그것은 확신의 문제

🅐 제 생각엔 세 가지 항목 중 투자가 가장 중요하다고 생각합니다. 투자를 실행하는 데 있어 첫 단계는 당연히 종잣돈을 마련하는 것입니다. 종잣돈을 모을 때 저축도 좋은 방법일 수 있지만, 개인적으로는 무조건 아끼고 모으는 것보다 투자에 확신이 드는 물건이 있다면 매수 적기를 맞추는 것이 중요합니다. 저축하는 중이라 가진 돈이 충분치 않다고 해서 매수 적기를 놓치기보다 신용대출 등 본인이 가능한 대출을 활용하여 종잣돈을 마련하는 것이 더 낫다고 생각합니다.

요즘은 부동산 시장이 좋지 않기 때문에 대출이나 매수를 적극적으로 권유하긴 좀 부담스러운 부분이 있지만, 결국엔 금리보다 중요한 것은 싸게 나오는 물건은 매수하는 것이 기회라고 봅니다. 물론 돈을 아끼고 차곡차곡 모으는 것도 중요하지만 싸게 살수 있는 적기에 물건을 선점하는 것이 '부의 추월차선'에 빨리 탑승할 길이라고 생각합니다.

소비 부문을 말씀드리자면, 신혼 초기에는 종잣돈 마련을 위해 소비를 최소화하고 모았지만 현재는 월 생활비에 상한을 정해놓고 쓰는 편은 아닙니다. 우리 부부 모두 사치를 하거나 불필요한 지출은 하지 않는 것이 몸에 배 있고 둘 다 그걸 전제로 하자는 마음을 충분히 공유하고 있거든요. 그때그때 필요하고, 먹고 싶고, 경험하고 싶은 부분들을 충족하는 데 더 무게를 두고 있어 특별히 자금을 정하지 않고 소비하고 있습니다.

Ⓠ 리스크 관리는 어떻게 하고 있나요?

내가 쫓기지 않도록 하는 것이 중요하다.

Ⓐ 사람마다 리스크 관리에서 중시하는 것이 어느 정도 차이가 있을 것이라 생각합니다. 저는 '명의 분산'도 리스크 관리의 일부라 생각합니다. 부동산은 거래세와 보유세의 비중이 크기 때문에 명의를 적절하게 구분하는 것이 필요합니다. 작은 물건들은 개인들로 하고, 덩치가 큰 물건이나 비주택의 경우는 법인 명의로 하고

있습니다. 보유나 양도차익에서 법인 세금이 더 유리하니까요.

그리고 보통 사람들은 법인을 단기 투자로 많이 활용하는데, 저는 그저 양도차익에 대한 세금을 최소화하는 수단이지 단기 투자에 활용하진 않습니다. 원래 성격상 쫓기듯 무언가를 하는 것을 좋아하지 않아서요. 이 부분은 성향에 따라 다르다고 생각합니다.

개인적으로 제가 생각하는 가장 중요한 리스크 관리는 '투자를 하는 시점에 내가 싸게 샀느냐'입니다. 요즘 들어 자산 시장이 많이 하락하고 있어 '부동산 투자'를 회의적으로 보시는 분들도 많을 텐데요. 아파트로 예를 들어보면, 내가 매수할 당시 '입주권'의 가격이 주변 전세 시세와 비슷한 금액에 산 것이라면 전셋값은 언제나 거품 가격이 배제된 실사용가치이기 때문에 실패하기 어렵습니다. 아무리 자산 가격이 내려간다고 하더라도 신축 아파트가 전셋값보다 떨어지기는 힘드니까요. 현재 가격 하락의 폭이 큰 아파트는 사실 그만큼 많이 상승했던 아파트들입니다.

그러므로 아파트가 얼마나 상승할진 예측하기 어려워도 매수 시점에 가격 판단은 가능하므로 언제나 주변 시세를 확인할 때 매매가뿐만 아니라 전셋값도 함께 확인해보면서 내가 현재 싸게 사는 것이 맞는지 확인해보기를 추천합니다.

🅠 자신만의 슬럼프 극복 방법이 있나요?

열심히 사는 것은 좋지만, '시간병'에 빠지지는 마세요.

🅐 성격상 감정 기복이 크지 않아 슬럼프가 온 적은 없었습니다. 더불어 제가 투자한 물건들이 모두 시세 상승이 커서 그런 것이 아닐까 생각해요. 힘들여 투자했는데, 투자한 물건들이 오르지 않고 가격이 내리기까지 한다면 슬럼프가 왔을 수도 있을 것 같습니다.

하지만 가장 중요한 것은 '현재에 감사한 마음'을 갖는 것이라고 생각합니다. 결국 모든 것은 상대적이라 저 또한 어느 그룹에 가면 가장 부자일 수 있지만, 또 어느 부류에선 그렇지 않을 수도 있거든요. 다른 사람과 비교하면 스스로를 힘들게 하는 것밖에 안 된다고 봐요. 늘 주어진 현재에 감사한 마음을 갖고, 하루하루 성실히 루틴을 해나가는 것이 저만의 롱런 방법이 아닌가 싶습니다.

그리고 슬럼프에 대해 하나 더 조언을 드려보자면, '조급해하지 말라'는 말을 꼭 하고 싶어요. 요즘 보면, 오히려 정보가 너무 많아서 선택의 갈림길에 있는 분들이 더 힘들어하더라고요. 몇백 개 알림이 쌓인 단톡방 벽타기*를 해야 하나 말아야 하나? 부동산 투

* SNS상에 대화가 많이 쌓여있어 이전 글들을 읽기 위해 한 번에 올라가면서 내용을 확인하는 모습이 마치 벽타기 같다고 하여 붙은 신조어.

자도 종목별로 다 공부해야 하나? 남들 빌딩을 산다는데 나는 뒤처지는 듯해서 언젠간 꼭 해야 할 것 같고, 돈을 더 많이 모으려면 창업도 해야 할 것 같고요. 뭔가를 안 하면 막 뒤떨어진다는 생각들을 많이 하시더라고요. 뭐 저도 가끔 그럴 때가 있긴 해요.

혹시 <고도원의 아침편지>**라고 아세요? 가끔 즐겨 보곤 하는데요. 고도원의 아침편지 중 '시간병'에 대한 이야기가 나온 적이 있어요. '시간병'은 미국의 내과 의사인 래리 도시(Larry Dossey)가 만든 개념이라고 하는데요. 래리 도시는 이 시간병을 '시간이 달아나는 것 같은 기분, 충분치 않다는 생각에 계속 가속 페달을 밟아 시간을 따라잡아야 한다는 강박적인 믿음'이라고 정의합니다. 이 강박은 또한 꽃으로 피어나야 할 인간을 억누른다고 해요.

여러분들은 이 강박에 갇히지 않으셨으면 해요. 물론 열심히 산다는 건 좋은 일이지만, 너무 여러 개의 일에 모든 관심을 두기보다는 내가 잘할 수 있는 곳에 집중하고 행복하게 하루를 충실히 사셨으면 좋겠습니다.

** 작가 고도원이 아침마다 이메일을 통해 전달하는 편지로, 아침편지문화재단에서 관리한다. 편지의 내용은 시 또는 좋은 글귀와 함께 사진 태그 등을 인용하여 설명을 덧붙이는 식으로 구성돼있다.

📍 투자 전과 후에 가장 달라진 점은 무엇인가요?

소비에서의 자유로움. 그것이 부자의 기준일까요?

🅐 아직 일상 전반에서 달라진 부분이 없어서 크게 와닿는 건 없습니다. 하지만 가장 좋은 것은 예전 신혼 초기에 있었던 '돈'에 대한 불안감, '소비'에 대한 스트레스가 전혀 없다는 점입니다. 가끔 아내와 신혼 시절 이야기를 나눌 때면 현재의 넉넉함이 더욱 행복하고 감사하게 느껴집니다.

신혼 초기에는 종잣돈을 모아서 자산을 사야 한다는 생각에 정해놓은 저축액을 저축하지 못한 달에는 조금 스트레스를 받기도 했어요. 하지만 요즘엔 그런 점은 전혀 신경 쓰지 않고, 신경 쓸 필요도 없게 되었죠. 제가 사랑하는 가족들에게 부담 없이 많은 것들을 함께 경험할 수 있다는 것이 가장 좋은 것 같습니다.

하지만 투자를 위해 대출을 미리 받아놓은 것들이 있는데 마땅히 투자할 만한 대상이 나타나지 않을 때는 이자만 계속 나가고 있으니 아쉬울 때도 있긴 해요. 하지만 이 또한 투자자로서 앞으로도 감당해야 할 부분이라고 생각합니다.

마지막으로 가장 달라진 점은, 저에게 고마움을 전하는 분들이 주변에 많아졌다는 점입니다. 집을 사는 것은 작은 문제가 아니 거든요. 그 가족의 인생이 달린 문제입니다. 제가 투자하면서 얻은 경험과 지식들이 그분들께 작게나마 도움이 될 때가 가장 보람되고 뜻깊게 느껴집니다.

🔵 재건축·재개발이 정확히 무엇이고, 초보자들이 가장 중요하게 고려해야 할 것에는 어떤 게 있을까요?

> 어렵게 생각 말라. 인근 시세 대비
> 신축을 얼마에 사는지에 집중해라.

🅐 재건축·재개발에서 가장 중요한 것은 '땅'입니다. 이 '땅'에는 종류에 따라 건물을 얼마나 높게 지을 수 있는지 정해져 있어요. 이것을 '용적률'이라고 합니다. 그리고 일반주거, 상업지역, 준공업지역마다 지을 수 있는 면적이 다르다는 사실을 항상 인지하고 있어야 합니다.

자, 이제 재건축과 재개발을 각각 나누어 설명해보겠습니다.

재건축에서 먼저 파악해야 할 부분은 몇 세대를 지을 수 있는지를 알아야 합니다. 당연히 현재 세대수보다 신축 세대수가 많을 수록 좋습니다. 이때 얼마나 지을 수 있는지를 알려면, 내가 관심 있는 아파트 인근의 최근 재건축 아파트를 보고 동일한 용도지역에 몇 세대를 지었는지 확인해보면 개략적으로 몇 세대를 지을 수 있는지 예측해볼 수 있습니다. 정확하게는 지역별 「건축 조례」 또는 「도시 및 주거환경정비기본계획」에 따른 '용적률 허용 기준' 부문에 용도지역별 용적률을 별도로 확인해볼 수 있습니다.

이렇게 신축 가능한 세대수를 확인해보고 다음으로는 개략적인 지출과 수입을 분석해서 수입이 지출보다 많은지를 확인해봐야 합니다. 이때 중요한 것은 '일반분양을 몇 세대 할 수 있느냐'가 핵심입니다. 조합은 결국 일반분양을 해서 아파트를 많이 팔아야 수익이 좋은 거니까요. 이것을 '비례율'이라고 하는데, 쉽게 말해 땅값 대비 수익률을 뜻합니다. 개략적으로 설명하자면, 기존의 토지, 건물값과 공사할 때 드는 비용들의 합보다 분양 수익이 크면 비례율이 높다고 할 수 있는 것입니다. 비례율은 재건축·재개발에서 공통으로 아주 중요한 요소니 꼭 명심하세요.

그럼 다음으로는 재개발을 설명해볼게요. 재개발은 구역 안에 토지 소유자들, 건물 소유자들이 모여서 사업을 하는 것입니다. 즉, 낡은 토지와 건물을 새 아파트로 바꾸는 거예요. 그 과정은 새 아파트를 받기 위한 일종의 계단 오르기라고 보면 됩니다. 한 단계 한 단계 올라가야 꼭대기에서 새 아파트를 받는 거예요.

여기서 투자자가 반드시 알아둬야 하는 개념으로는 '신축 매수가'가 있습니다. 신축 매수가는 미래의 새 아파트를 현재 얼마나 사느냐를 뜻하는 것으로 이를 알기 위해서는 '조합원 분양가'를 알아야 합니다. 가령, 매수하려고 하는 매물의 '권리가액'*에 프리미엄이 붙어있다면 조합원 분양가에 해당 매물의 프리미엄을 합친 금액이 '신축 매수가'입니다. 그렇다면, 이 신축 매수가가 주변 시세보다 저렴해야 투자해볼 만한 가치가 있겠죠? 더 나아가 좀 더 확실하고 안전한 수익을 위해서는 주변 시세와 비교했을 전세 시세보다 싸게 살 수 있으면 안전한 투자라고 생각합니다. 결국엔 현재 싸게 사야 나중에 미래에 가져가는 수익이 크니까요.

재개발의 사업 추진은 총 9단계를 거칩니다.

구역지정심의 → 조합설립인가 → 건축심의 → 사업시행인가 → 감정평가 → 관리처분인가 → 이주 및 철거 → 조합원 및 일반분양 → 준공단계

이 과정 중 '감정평가'를 거쳤느냐, 거치지 않았느냐가 가장 중요합니다. 아직 감정평가를 거치지 않았을 때 대박의 기회가 있는 거거든요. 감정평가액을 알아야 정확히 새 아파트의 시세를 알 수 있게 되는데, 그 전에 감정평가가 잘 나올 거라고 예상하고 선점해

---

* 감정평가금액*비례율(참고: 비례율은 사업 구역마다 다르며, 비례율이 클수록 좋은 구역이라 할 수 있다.)

둔다면 큰돈을 벌 수 있습니다. 하지만 그렇다고 초보자가 무리해서 이렇게 꼭 할 필요는 없고 감정평가 후에 위에 말씀드린 신축 매수가를 저렴하게 살 수 있으면 그걸로 된 거예요.

구역 지정 전이나 못해도 감정평가 전에 매수하면 큰돈을 벌 수 있지만, 그 후에 투자는 사업의 안정성이 확보된 대신 이미 프리미엄이 있는 상태에서 투자를 하게 되는 겁니다. 그러므로 '감정평가 전과 후의 투자가 완전 다르다'는 점을 초보자분들이 꼭 이해하고 참고했으면 합니다.

그리고 위의 단계를 보면 두 번의 '심의'와 세 번의 '인가'가 있어요. 사람들이 보통 구역 지정이 쉽게 된다고 생각하는데 절대 그렇지 않아요. '심의'라는 것은 각 전문가가 모여서 심사를 하는 거고, '인가'는 그냥 일정 조건이 부합되면 승인이 되는 거라서 이 심의는 통과되는 것이 굉장히 어렵다는 것을 꼭 인지하셔야 해요. 즉, 이 심의를 통과했느냐 하지 않았느냐를 정확히 알고 있는 것이 매우 중요합니다.

공부할 게 많긴 하지만, 그래도 일단 제가 위에서 설명한 '신축 매수가' 개념을 확실히 익혀도 일단 재개발 투자에서 중요한 큰 그림을 이해한 거라 볼 수 있습니다.

ⓠ 일반인 입장에선 재건축 투자보다 재개발 투자가 기간도 오래 걸릴 것 같고 더 어렵게 느껴져요. 처음 시작하는 분들께 공부 방법을 추천한다면 어떤 게 있을까요?

같은 구역이라도 같은 투자가 아니다.

매물 조사만으로 앉아서 연봉 번다.

ⓐ 요즘은 정말 부동산 관련 좋은 책이나 강의, 영상들이 많아서 제 생각엔 정보가 부족한 시기는 아니라고 봅니다. 그 정보를 아는 것과 본인이 투자하는 데 확신을 하고 실행하는 것에는 분명한 차이가 있으니까요. 강의나 책만 보고 '어떤 구역이 좋더라' 하고 섣불리 판단해서 투자를 하는 것은 추천하고 싶지 않습니다. 같은 구역이라도 조건에 따라 입주권이 나오지 않는 매물일 수도 있고, 매물 조사가 부족해서 더 저렴하게 살 기회를 놓칠 수도 있으니까요.

그래서 저는 투자 결정에서 '매물 조사'를 중요하게 생각합니다. 제 기준에서 구역 조사부터 투자까지를 100%라고 했을 때 그 중요도를 따져보자면, 구역에 대한 사업성 분석은 10%, 매물 조사 80%, 임장 10%로 비중을 두고 있어요. 아무리 입지가 좋은 곳이라 하더라도 본인이 매물을 비싼 가격에 샀으면 '잘한 투자'가 볼 수 없죠. 그리고 사업성 분석은 기본으로 알고 있어야 하는데, 이 부분은 계속 자료 찾아보고 공부하다 보면 저절로 알게 될 겁니다.

매물에 대한 전반적인 조사가 재개발의 꽃이라고 할 수 있어요. 결국은 어떤 것을 사느냐 만큼 '싸게 사는 것'도 중요한데, 싸게 사려면 본인이 매물에 대해 잘 알고 있어야 '급매'로 나왔을 때 '이게 싸다'라고 판단하고 바로 실행을 할 수 있으니까요. 저는 그래서 오히려 '재개발 공부 어떻게 시작해야 해요?'라고 물으면 '관심 있는 구역을 한 곳 정해서 매물 조사부터'라고 권하는 편이에요.

매물 조사 시 들어가야 하는 정보는 다양해요.

매물 보유 부동산의 특징 / 매물의 종류(토지, 주택, 상가 등) / 매매가격 / 감정 평가액 / 비례율 / 권리가 / 프리미엄 / 평형 신청 / 조합원 분양가 / 분담금(조합원 분양가-권리가) / 신축 매수가(조합원 분양가+프리미엄)

이 매물 목록을 리스트업 한 후, '신축 매수가가 싼 매물을 좋은 대출 조건의 은행을 찾아서 매수하는 것'이 가장 핵심입니다. 스스로 매물이 얼마에 거래되고 있는지를 확인하고 그다음에 임장을 나가야 해요. 매물 조사가 선행되지 않은 임장은 의미가 없거든요.

일반 아파트 임장하고 재개발 임장은 좀 다릅니다. 재개발 임장은 입지를 확인하는 것이라기보다는 이 매물을 왜 매도하려고 하는지 매도자의 사정이나 대외적으로 알려진 정보를 현장에서 소장님들이나 조합 사무실에서 듣고, 그 들은 정보들을 활용해서 본인이 투자할 때 판단 기준에 넣기 위함이라고 생각하시면 돼요.

이제 시작하는 분들은 책을 보거나 강의를 듣는 것이 좋습니다. 물론 본인이 다 이해한다고 생각하면 강의도 꼭 필수는 아닙니다. 그리고 자신이 관심을 둘 구역을 고르면 조합원 수, 신축세대수가 조합원의 수보다 많은지, 동의율은 몇 %인지 등의 사업성을 확인합니다. 그 후 부가적인 매물 조사를 완전히 마치면 임장을 진행하는 겁니다. 지루할지라도 이 프로세스를 반복하시면 됩니다.

⦿ 사전에 재개발 투자에 관심 있는 분들께 '재개발 투자를 가장 꺼리는 이유'를 조사했는데요. 대다수가 '조합장 해임, 비대위와의 갈등, 시공사와의 소송' 등의 문제를 걱정하더라고요. 이 문제를 사전에 파악할 방법이 있을까요?

첫째, 공무원은 우리 편이다. 궁금한 것은 공무원에게.

둘째, 대로변 상권들이 어떤지 파악하라.

Ⓐ 누구나 모든 문제를 통제할 수는 없다고 생각해요. 위험 요소가 있긴 하지만 그렇기에 큰돈을 벌 기회가 오는 것이라 생각하기도 하고요. 이 위험 요소를 줄이기 위해 사업이 완료된 구역들, 지지부진한 구역들을 조사하고 복기해보며 본인만의 투자 기준들을

만드세요. 이것들이 쌓이면 자신이 하는 투자에 더욱 확신을 가질 수 있게 될 겁니다. 인내하기 힘든 시간이 될 수 있지만 결국 사업 시행인가 단계까지 가면 사업 추진이 될 수밖에 없습니다.

두 가지 정도 팁을 드릴게요.

한 가지는 비대위가 정말 결속력 있고 활발하게 움직이면 사업 추진이 더딜 수 있어요. 이럴 땐 구역 담당 공무원에게 전화해서 사업 추진 상황을 들어보고 검토해보는 겁니다. 그러니 궁금한 것이 있다면 담당 공무원에게 전화해서 물어보시면 됩니다. 그들이 아는 선에서는 언제든 대답을 들을 수 있으니까요.

다른 한 가지는 대로변에 상권이 잘 형성된 곳들은 상가 측에서 반대하는 경우가 많다는 것입니다. 그들은 그 장소에서 사업을 지속하는 것이 이득이라 재개발이 되는 게 좋을 리 없거든요. 이런 경우들은 재개발 추진 속도를 더디게 하는 요소이니 정확히 조사해야 하는 부분입니다. 하지만 이 부분은 통제하기 어렵기 때문에 관심 있는 구역의 거래 가능한 매물들의 시세를 파악한 후 정말 좋은 가격으로 투자할 수 있는 매물이 나타나면, 최종 매수까지 검토할 때 고려하셨으면 합니다.

❷ 요즘 재건축·재개발 투자에 있어 '조합원 추가분담금'에 대한 막연한 두려움이 있는 분들이 많은 것 같아요. 건설사에 몸담은 입장에서 이 점을 어떻게 생각하는지 궁금합니다.

Ⓐ 네. 아무래도 요즘 신문 기사를 보다 보면 '조합원 추가분담금' 소재로 자극적인 기사가 많이 나오고 있는 것 같습니다. 하지만 막상 '조합원 추가분담금'이 헤드라인인 기사 내용을 자세히 읽어보면, 정확한 사실에 기반을 둔 것이 아닌 공사비 상승 등 인플레이션 우려와 부동산 경기 하락 국면으로 인한 추측성 기사가 더 많더라고요. 그래서 기사만 보고 '앞으로의 재건축·재개발 구역들은 추가분담금이 나오겠구나'라고 섣불리 판단해서는 안 됩니다.

투자를 해오면서 10년 동안 실제 조합에서 조합원이 추가분담금을 부담하는 것은 2012~2013년 기간 외로는 한 번도 보지 못했어요. 추가분담금이 나온 구역들의 경우도 '시세 상승'이 큰 경우가 많았고요. 제 생각에는 서울 준신축 가격이 33평 기준 8억 원 이하로 떨어지지 않으면 재개발 사업은 멈추지는 않을 것이라 봅니다. 단, 간혹 일부 지방 소도시에서 일반분양 가격을 3~4억 원 정도로 해야 실수요자가 청약을 신청할 만한 지역은 좀 조심해야 할 수도 있어요. 왜냐하면 재건축·재개발 사업의 핵심인 '일반 분양 수입'이 방금 말씀드린 소도시 지역들은 안정적으로 확보되기 어려워서 조합원 추가 분담이 발생할 수도 있는 것입니다.

재건축·재개발 사업 구조는 조합원들이 '땅'을 제공하는 대신 새 아파트를 받고, 새 아파트를 짓기 위한 나머지 돈(공사비, 사업비 등)을 그 외 일반인들에게 분양함으로써 얻는 수익으로 자금을 조달하는 형태입니다. 그런데 갑자기 사업 추진이 잘 안 되거나 일반분양이 잘 안 될 거 같으면 그때 조합원들한테 '추가분담금'을 걷는 거죠. 그렇기에 조합원들 입장에서는 추가로 돈을 더 낸다는 게 부당하다고 느껴질 수 있다고 봅니다.

막연한 두려움은 버리시고, 늘 본인이 관심 있는 구역이 있다면 일반분양은 몇 세대나 있는지, 일반분양가는 얼마나 할 수 있는지, 공사비는 얼마나 드는지 등을 공부하며 분석해보면 두려움이 조금은 사그라들 것입니다. 제 블로그에 방문하시는 구독자분들이 궁금한 구역을 문의하시면 분석을 종종 해드리는데, 이 글들을 참고하시면 도움이 될 것입니다.

Q 그럼 추가로 지역마다 재개발 속도가 빠른 곳도 있고, 느린 곳도 있는 것 같더라고요. 일반인 입장에서 지역별 특성을 알 수 있는 팁이 있을까요?

A 네, 좋은 질문입니다. 일단 두 가지로 나누어서 말씀드릴 수 있을 것 같네요.

첫 번째는 본인이 투자하려고 하는 지역의 '개발축'을 이해해야 합니다. 이 도시가 현재 위성도시*를 계속해서 만들어 도시를 확장하는 단계인지, 아니면 위성도시 개발을 완료하고 원도심 재개발하려고 하는 것인지를 파악해야 합니다. 이 단계를 공부하기 좋은 지역은 전라북도 전주의 사례를 보면 이해하기 쉽습니다. 전주는 원도심 개발 완료 후, 에코시티와 혁신도시라는 두 곳의 위성도시 개발을 마치고 현재 원도심 재개발에 박차를 가하고 있다고 할 수 있습니다. 이런 도시의 특성 중 하나는 원도심에 사람들이 살기 좋은 인프라가 집중되어 있다는 것입니다. 도시의 형성 과정에 대해 깊게 공부하고 싶으시다면, '택지정보시스템**'에 들어가서 본인이 관심 있는 지역을 검색하면 연도별 개발계획을 확인할 수 있습니다.

두 번째는 각 시도의 「도시 및 주거환경정비 기본계획」 자료를 참조하면 재개발·재건축의 사업 평균 소요 기간을 확인할 수 있습니다. 지역별로 빠른 곳도 있고 더딘 곳도 있거든요. 지역별 사업 추진의 평균 소요 기간을 알면 시간이 얼마나 걸릴지 대략 예측할 수 있습니다. 몇 시도를 예로 들면 서울은 평균 7년, 인천 11년, 울산은 7년으로, 시도별로 추진 기간이 다르다는 점 꼭 기억하세요.

*   대도시 주변에 위치하며 대도시와 유기적인 종속 관계를 맺는 중소 도시.
** https://www.jigu.go.kr(택지 정보의 체계적인 관리를 위해 구축·운영 중인 시스템)

투자에서 매물 조사 외 중요 요소를 하나 꼽는다면 무엇일까요?

한 매물에 대출 50개 돌려봐라. 가슴이 떨릴 것이다.

대출입니다. 보통 많은 분이 대출을 막연히 두려워하거나 물건 조사만 많이 하고 대출은 별로 많은 곳에 안 알아보고 하는 경우가 많아요. 대출도 정말 은행마다 조건이 다르거든요. 그래서 저는 대출을 잘 활용하여 실제 투자금을 줄이는 것 또한 굉장한 실력이라고 생각합니다. 어떨 때는 많은 매물을 보는 것보다 한 매물에 대출을 50군데 돌려보는 것이 더 중요하다는 생각이 들 때도 있거든요. 이자가 높고 낮음 외에도 고려할 사항들이 많으니까요.

대출력 활용을 잘 못 해서 투자금이 많이 묶이게 되면 나중에 혹시 가격 조정이 왔을 때 불안해질 수 있어요. 또는 급매와 동시에 대출력 동원으로 소액 투자금을 투자해 설사 나중에 조정이 오더라도 여유 있게 기다립니다. 재건축·재개발 투자는 매물의 개별성이 일반 아파트보다 크다는 점을 항상 인지하시고, 비쌀 것 같다고 상급지*를 지레 포기하기보다는 내가 활용할 만한 대출들을 많이 조사하며 기회를 기다리시는 게 좋을 듯합니다.

* 등급이나 수준이 높은 지역. 여기서는 자신이 기준으로 삼은 자본금의 기준보다 더 금액이 높은 부동산.

🔍 직장생활과 투자자를 병행할 수 있는 본인만의 루틴이 있나요?

여러 번 반복해 말하지만, 매물 조사를 게을리 말라.

ⓐ 저는 개인적으로 단순한 것을 좋아합니다. 투자 관련 책, 강의, 유튜브를 거의 보지 않아요. 대형 커뮤니티 글도 잘 확인하지 않는 편이고, 거시적인 경제 지표도 금리 외에는 크게 염두에 두진 않았던 것 같아요. 그렇다고 책이나 강의 같은 다른 사람의 인사이트를 얻는 것이 중요하지 않다는 것은 절대 아니에요. 앞서 언급한 것처럼 처음 시작하는 사람들에게는 기초를 다지는 데 있어 분명 도움이 됩니다. 그리고 사람마다 자기계발의 방법은 다 다르니까요. 저라는 투자자는 그것보다 '매물 조사'를 제일 중요하게 생각한다는 거예요. 그래서 매물 조사를 하루에 50개씩은 기본적으로 꼭 하려고 노력해요.

팁을 하나 알려드리자면, 대부분의 부동산들이 매물 홍보를 위해 꼭 '네이버 부동산'만 이용하는 건 아닙니다. 요즘은 부동산들이 직접 블로그 운영도 많이 하거든요. 그래서 전 네이버 블로그에 '재개발 급매/○○구역+급매/○○구역+초급매/옵션: 일일' 등을 매일매일 검색해요. 이런 방식으로 싼 물건을 찾으려고 굉장히 노력합니다. 매물 검색 많이 하세요. 가끔은 말도 안 되는 금액이 나오기도 합니다.

요즘 투자를 주제로 한 단톡방들이 많이 있는데, 단발적인 대화와 자료 공유로 인해 오히려 초보 투자자분들이 혼란스러울 수 있는 환경에 많이 노출돼있는 것 같아요. 그보다는 늘 본인이 지금 정말 살 것처럼 목표를 세우고 매물을 조사하는 것. 그것을 반복하는 것이 가장 중요합니다.

◉ 사회초년생 무주택자, 자녀가 있는 1주택 갈아타기, 50대 이상의 은퇴자 재테크, 이렇게 세 명이 조언을 얻으려 한다고 가정했을 때 어떤 투자가 바람직할까요?

재개발이라고 무조건 장기 투자가 답은 아니다.

④ 일단 각자 다 투자금이나 상황에 따라 다르겠지만, 그래도 크게 생애주기별 관점에서 이 세 가지 경우는 누구나 놓일 수 있는 일반적인 상황이네요. 차근히 한 분씩 이야기해보겠습니다.

우선 '사회초년생 무주택자'부터 조언할게요. 아, 이 경우는 자녀가 아직 없는 신혼부부에게도 해당이 될 것 같습니다. 저라면 임차로 살면서 분양권이나 재개발 투자를 할 겁니다. 우선 실거주를 안 해도 되는 상황이기도 하고, 재개발도 결국은 지역 사이클대로 가격이 동반 상승하기 때문에 관심 지역에 대한 정보를 확인하며 지역을 제대로 선정하는 게 좋은 방법이 될 수 있습니다.

처음 말씀드린 것처럼 매물마다 정말 가격 폭이 크고, 특히 요즘처럼 시장이 조정을 받는 국면에서는 상급지와 하급지 간의 가격 간극이 좁아져서 이는 곧 무주택자분들에게는 내 집 마련의 기회가 될 수 있다고 생각합니다. 단, 지역별 위상은 꼭 공부하셔야 합니다. 저 또한 투자를 결정할 때 수도권만 보는 것이 아니라 전국을 보기 때문에 서울, 수도권, 충청권, 경남권, 전라권 등 다양하게 보유하고 있어요.

두 번째, 실거주 마련 목적의 '자녀가 있는 1주택 갈아타기' 경우는 아무래도 인프라가 좋고 학군지의 재건축 가능한 곳에 가서 몸테크*를 하라고 권유하고 싶어요. 자녀가 있으면 아무래도 생활권을 바꾸는 게 어렵기도 하기에 다주택자 포지션이 아니라면 저는 미래에 정말 큰 상승이 기대되는 재건축 예정지인 아파트로 갈아타기나 실거주를 마련하는 게 좋다고 봅니다. 수도권에 거주 중이라면 1기 신도시 쪽이 좋다고 생각하고요.

그리고 마지막으로, '50대 이상의 은퇴자 재테크'를 하려는 분들께는 '당장 투자 수익이 기대되는 곳'에 투자할 것을 추천합니

---

*　'몸+테크'의 합성어로, 재건축이나 재개발을 기대하고 불편함을 감수하더라도 오래된 아파트를 매매하여 실거주하는 것.

다. 사회초년생, 신혼부부, 자녀가 있는 부부 등, 즉 40대 이하 분들은 앞으로 계속 소득이 발생할 것이기 때문에 당장의 수익보다는 미래 수익을 기대하는 방향으로 투자하는 것이 좋다고 봅니다.

하지만 50대 이상 분들은 소득 발생이 줄거나 없게 될 가능성이 크므로, 미래 수익보다는 당장 수익을 내는 부동산 투자가 더 적합하다고 생각해요. 그래서 오히려 단기 수익이 기대되는 초기 재개발을 권하고 싶습니다. 특히 초기 재개발은 지역이 조금만 출렁거려도 시세가 단기간에 가파른 급상승세를 타기도 하거든요.

투자 포인트도 좀 다를 수 있어요. 초기 재개발은 사업성을 보고 투자한다기보다 '추진위원회'가 구성되어 '동의서'가 잘 걷히고 있는지, 그 분위기로 인해 투자 수요가 붙어 매물이 활발하게 거래되고 있는지에 더 포인트를 맞춰야 합니다. 이 방법은 내 뒤에 받아줄 투자 수요가 있는지를 파악하는 것이 중요합니다. 또한, 초기 재개발은 자칫하면 장기적으로 자금이 상당 기간 묶일 수 있어서 본인에게 부담 없는 소액 투자금으로 접근할 것을 추천합니다.

명심하셔야 할 점은, 이 세 가지 모두 본인의 자금이나 투자 성향에 따라 투자 방법이 달라질 수밖에 없다는 것입니다. 사람에 따라 단기 투자를 더욱 좋아하는 사람이 있고 장기 투자를 좋아하는 사람도 있으니까요. 투자에 있어 어떤 한 조언이 '정답이다'라고 생각하시는 분은 없으실 거라고 생각합니다. 제가 언급한 조언들도 마찬가지입니다. 만약 위의 세 가지 상황에 놓인 사람이 저라고 가정했을 때 진행했을 투자 방향이라는 정도의 관점에서 드린 개인적인 판단이니 적절히 참고만 해주세요.

위 조언에서 '1기 신도시가 좋다'고 하신 이유는 무엇인가요?

1기 신도시의 위상은 아직 시작되지 않았다.

일단 도시의 형성 과정을 생각해보면 이해하기가 쉬운데요. 보통 구도심은 계획하에 도시를 건설했다기보다는 자연 발생적으로 시가지가 형성되어 난개발된 경우가 많습니다. 그리고 더 이상 개발할 곳이 없을 때, 노후도가 심한 곳을 재개발하는 것이지요. 하지만 신도시는 태생부터가 다릅니다. 처음부터 도시를 계획하에 짓기 때문에 대단지, 학군, 상권, 교통, 그밖에 인프라들이 사람들이 쾌적하고 살기 좋게 형성됩니다.

특히 1기 신도시 중 분당은 앞에 말씀드린 학군, 상권, 교통, 모든 인프라 플러스 양질의 일자리까지 받쳐주고 있어 강남 외에는 이를 뛰어넘을 수 있는 입지를 형성하기 어렵습니다. 또한, 도시는 건물 형성 이전에 그곳에 몰려드는 '사람들의 특성'이 중요한데,

분당의 경우 자금력이 있는 사람들이 몰려들 수밖에 없어요. 그렇기에 시간의 문제일 뿐, 무조건 재건축이 될 필요충분조건을 갖추고 있기에 되도록 시세보다 조금 저렴하다면 무조건 기회인 거죠.

아무리 당초 정부 공약과 달리 1기 신도시 추진이 늦춰지고는 있지만, 그렇다 해서 이를 부정적으로 볼 것이 아니라 수도권에 터를 잡은 분들은 이 안에 빨리 진입할 것을 추천하고 싶어요. 특히 분당의 위상은 향후 높아질 것이기 때문에 '재건축' 추진이 활발하게 진행되는 흐름을 탄다면 절대 현재 가격에 살 수 없을 겁니다.

⑨ 종잣돈 5,000만 원인 사람들에게 추천할 만한 투자에는 어떤 것이 있을까요?

첫 투자는 반드시 실패하지 않아야 한다.

④ 우선 개인적인 생각으로는 첫 경험이 정말 중요하다고 생각합니다. 첫 투자에 실패하면 그 후로는 투자를 꺼리게 되거든요. 결론부터 말씀드리자면, 첫 투자로는 본인이 정말 확신하는 물건이 아니라면 재건축·재개발보다는 분양권이나 갭투자를 추천합니다.

5,000만 원으로 투자가 가능한 재건축·재개발은 보통 초기 단

계라 시간이 걸리기도 하고 다양한 문제 상황에 직면할 수 있어 초보 투자자가 이를 느긋하게 기다리기는 어려울 겁니다. 재건축·재개발에서 안전한 투자를 하려면 심의 단계가 다 거친 이후인데 그런 단계의 물건들은 부대비용을 포함하면 아무리 급매라 하더라도 종잣돈 5,000만 원으로는 어렵다고 봅니다.

그렇기에 첫 투자라면 다양한 지역의 매물을 많이 보고, 급매를 찾거나 KB통계*를 활용하여 지역별 흐름을 확인해서 전세와 매매 시세가 오르고 있는 지역에 5,000만 원으로 가능한 분양권이나 갭투자를 해보는 것이 좋지 않을까 싶습니다. 특히 개인적으로는 요즘 같은 시기에는 자산 가격이 하락하고 있어 무주택자에게는 오히려 원래 시세보다 매우 저렴한 급매물을 매수할 기회라고 생각합니다. 주택 취득 경험이 없는 분들은 좋은 매물을 만날 수 있는 5단계 현실적인 방법을 꼭 기억했으면 좋겠습니다.

1. 꼭 사고 싶다는 마음가짐

2. 임장 여러 번 가기

3. 부동산에서는 '절실한 매수자'로 어필해서 '급매' 연락받기

4. 지속적인 매물 조사로 최신 시세 확인하기

5. 초급매 매물이 나왔을 때 즉시 실행하기

* KB부동산에서는 주간·월간 전국 부동산 가격 동향(주택·오피스텔·오피스 통계)을 발표하며, KB부동산 사이트 'KB통계'에서 해당 내용을 확인할 수 있다.

❓ 앞으로의 투자 계획은 어떤 방향으로 잡고 계신가요?

10년 계획표를 세워라!

200억 원을 만들고 보니, 현금흐름도 필요하더라.

🅐 저는 투자 초기에 10년 계획표를 세웠습니다. 10년 후에 이루었으면 하는 자산들을 적고, 목표를 달성하기 위한 세부 계획들도 적어놓고요. 첫 목표는 10년 후에 30억 원을 달성하는 거였는데, 10년이 되기 전에 그보다 몇 배나 되는 목표액을 달성했어요. 전 세계적인 유동성 시장의 영향으로 더욱 수혜를 본 것도 있지만, 일단 제가 목표한 규모를 달성하기 위해 줄곧 시세차익형으로 투자해왔습니다. 당장의 월 현금흐름보다 자산 규모를 키우는 것이 먼저라고 생각했기 때문인데요. 하지만 시세차익형은 대신 시세가 올랐다 하더라도 당장 현실적으로 달라지는 것은 없으므로 사이버머니 같은 느낌이 들기도 하는 것 같아요.

현재 자산 규모가 예전에 세운 목표를 넘어서서 이제는 건물 디벨롭(develop)을 통한 월세 세팅을 고려하고 있습니다. 지역은 서울, 경기도 내 대출 이자를 제하고 300만 원 세팅이 가능한 동네로 계속해서 조사 중입니다.

더 나아가, 제 개인의 삶 외로 블로거 '휴식이형'으로서의 발전

방향은 재건축·재개발과 관련해서 지금처럼 누구나 알기 쉬운 좋은 콘텐츠를 계속해서 만드는 것입니다. 현재 블로그 운영과 동시에 네이버 프리미엄 콘텐츠에서 '재건축·재개발' 콘텐츠를 운영 중인데요. 많은 분들이 사랑해주신 덕분에 2022년 10월 네이버에서 프리미엄 콘텐츠 창작자 최우수상을 받았습니다. 그때 정말 뿌듯하더라고요. 제 꿈이 하나 있다면, 제가 재건축·재개발 투자로 자산을 일군 것처럼 많은 분들이 재건축·재개발 투자로 부자가 되었으면 좋겠습니다. 그리고 보다 장기적으로는 실거주자나 투자자들이 믿고 편리하게 활용할 수 있는 무언가에 기여하고 싶다는 생각은 어렴풋이 하고 있습니다.

ⓠ 마지막으로 이제 재건축·재개발 투자를 시작하려는 사람들에게 하고 싶은 조언이 있다면?

Key factor가 되는 핵심 정보를 스스로 분석하라.

ⓐ 모든 투자가 그렇겠지만, 특히 재건축·재개발은 항상 정보가 중요한데요. 요즘은 너무나 많은 정보가 공유되고 소비되고 있습니다. 이때, 좋은 투자를 하기 위해서는 어떤 정보가 가격 상승에 핵심 요소인지, 어떤 것이 유용한 정보인지 정확하게 파악할 줄 알아야 합니다. 너무 많은 정보를 알려고 하기보다는 의미 있는 공공

기관에서 배포하는 정확한 정보(도시 및 주거환경정비 기본계획, 안전진단 실시 여부, 환경영향평가, 건축심의위원회 회의 결과 등)를 늘 참고하길 바랍니다.

마지막으로, 결국 투자라는 것은 어떤 전문가의 견해나 멘토의 의견보다 본인 스스로 확신이 있어야 합니다. 그래야 마음 졸이지 않고 기대 수익이 나올 때까지 여유 있게 인내할 수 있습니다. 다른 사람들의 분석 글을 참조하는 데 그치지 말고, 반드시 스스로 직접 공부하고 분석하여 좋은 결실을 맺었으면 좋겠습니다.

부동산 공부라는 게 단기간에 성과를 내는 것은 어려운 일이에요. 그래서 제가 항상 초보 투자자들에게 당부드리는 것이 있습니다. 뉴스에 부동산 호재 기사가 나오면 읽고 그치는 것이 아니라 내가 이 지역 물건에 실제 투자하는 것처럼 인근 시세도 조사해보고, 임장도 해보고, 개발이 완료되면 이 지역은 어떻게 변할지 상상을 해보라고 권해드려요. 일상생활에서 충분히 적용해볼 만한 팁입니다. 이런 행위가 처음에는 큰 의미가 없어 보일 수 있지만, 사실 이 생각들이 점차 쌓여 구체적인 계획이 되고 그 사람의 실력이 되거든요. 실제 살 것처럼 분석해야 내 머릿속에 깊이 남고, 그것들이 나중에 정말 본인이 실제 투자를 했을 때 실패할 확률을 줄이는 길이 될 것입니다.

무엇이든 의미 없는 공부는 없다고 생각합니다. 당장은 쓰지 않고 의미 없어 보일지라도, 그 경험과 지식들이 모여 반드시 큰 성과를 이루는 데 힘을 보태줄 것이라고 확신합니다.

이제 막 투자를 시작하시려는 분들에게 제 인터뷰가 유익한 도움이 되길 바랍니다.

인터뷰 중 꼭 알고 가야 할 이야기

1. 투자 마인드

투자는 자기 확신의 문제다. 투자자로서 자기 확신을 갖기 위해서는 무엇보다 멘토의 조언이 아닌 스스로 공부한 기록의 흔적이 중요하다. 당장 못사도 괜찮다. '하지만 늘 살 것처럼 분석하라'. 언젠간 가슴 떨리는 물건을 만날 수 있을 것이다.

2. 투자 추천

재건축·재개발 투자의 경우,

① 투자하려는 도시가 '원도심 개발 vs 도시의 확장'인지 파악하라.

② 매물 조사를 철저히 하라. 앉아서 연봉 벌 수 있다. (급매 일일 검색)

③ 항상 실제 살 것처럼 '분석하고 임장하고 복기하여' 실패 확률을 줄여라.

3. 대출 의견

"확신이 드는 매물이 있다면, 대출을 최대한 많이 알아보고 실행하라"

– 대출을 두려워하지 말고, 시세보다 싸게 사는 것에 집중해라.

4. 종잣돈 5,000만 원 투자 추천

"분양권, 갭투자"

재건축·재개발 투자가 장기적으로는 큰돈을 벌 기회지만, 일반분양권보다 늘 리스크가 있음을 기억해라. 첫 투자를 실패하면 투자에 손을 뗄 수 있으니 좀 더 확실한 분양권과 갭투자로 시작하길 추천한다.

5. 소비, 저축, 투자의 중요도에 대한 의견

- 투자를 하다 보면 어느 순간 소비와 저축은 크게 중요하지 않은 구간이 온다. 하지만 그 경지에 가기 위해서는 반드시 투자를 해야만 한다. 투자에 집중하기 위해서라도 자기 확신이 들 때까지 공부하라.
- 젊었을 때는 규모를 키우는 것에 집중하고, 규모가 달성됐다면 현금흐름을 만들어라.

6. 멘탈 관리

① 열심히 사는 것은 좋지만, '시간병'으로 조급해하며 본인을 힘들게 하지 마라.
② 늘 현재에 감사한 마음을 갖고 가장 중요한 하나에 집중해라.
③ 소중한 것은 쉽게 얻어지지 않는다.

7. 향후 계획

① 건물 리모델링을 통한 임대수익
② 내 집 마련을 위한 실수요자 및 부동산 투자자의 시간을 아끼고 합리적 판단을 도울 수 있는 '재건축·재개발' 콘텐츠 제작

무주택 15년 만에 내 집 마련 후
깨달은 것들

투자에는 편견이 없어야 합니다.

– 30대 직장인 곽○○ 씨

인터뷰이 정보

연령	30대 후반 기혼남(3인 가족, 자녀 1명)
직업	운송업 직장인
직책 및 연봉	과장 / 7,000만 원
자산	70억 원
투자 분야	토지, 분양권, 아파트, 재개발, 지식산업센터
추천 투자 종목	토지 투자
종잣돈	1억 원

20대 이른 나이 가장이 되었지만, 내 집 마련에는 전혀 관심이 없었던 그는 10년 동안 무주택이었다. 회사 일에는 휴일 없이 몸 바쳐 일했지만, 정작 경제에는 무지렁이였다. 회사에서 인정받는 것이 내 가정을 지키는 일만큼 중요하다고 생각했다. 밤낮으로 일하고, 가끔 떠나는 가족들과의 해외여행이면 충분한 줄 알았다. 다들 그러고 사는 줄 알았다. 그러던 2018년 상반기에 사는 지역의 집값이 오르는 것을 보고 그는 깜짝 놀랐다.

　'뭐지? 왜 이렇게 집값이 오르는 거야?

　서둘러 부동산을 돌아다녔고, 그는 지금이 아니면 안 될 것 같은 생각에 집을 샀다. 뒤이어, 오랜 기간 무주택이셨던 어머니께도 그는 서둘러 내 집 마련을 도와드렸다. 하지만 기쁨도 잠시 그에게는 이제 부동산 투자에 집중할 수밖에 없던 시련이 찾아왔다. 그것은 회사 일을 하며 생긴 그의 허리 부상이었다. 그는 생각했다.

　'내가 과연 언제까지 일할 수 있을까?'

불안했다. 그러다 집값 시세를 보았다. 6개월도 채 안 돼 연봉을 훌쩍 넘을 만큼 집값이 올라있었다.

만남

그를 알게 된 것은 2022년 봄. 나는 이때 처음 지식산업센터에 투자했는데, 그곳의 인테리어를 하겠다고 마음먹고 한창 업체를 알아보다가 우연히 블로그를 통해 알게 된 직장인 곽○○ 씨다.

'투자를 시작하고 예전보다 저는 행복해졌습니다.
이제는 저를 통해 더 많은 사람이 행복해졌으면 좋겠습니다'

블로그 소개글을 읽고, 왠지 내 책의 취지인 평범한 사람들에게 용기를 주는 데 꼭 맞는 분이라는 생각이 들었다.

곽○○ 씨는 이미 지식산업센터 10개 호실을 매수하여 그중 몇몇 곳의 인테리어를 한참하고 있는 중이었다. 블로그에는 인테리어를 해야 하는 이유부터 자기만의 인테리어 콘셉트까지 그가 가지고 있는 명료한 방향성과 계획이 쓰여 있었고, 이것을 본 내 두 눈은 휘둥그레졌다. 그때 당시 인터뷰 프로젝트를 진행하고는 있었지만, 이분께 인터뷰를 요청해야겠다는 생각까지는 미치지 못했던 터라 인테리어에 대한 문의만 간략히 댓글로 남겼다. 인터뷰는 오히려 그 후에 결심하게 되었다.

인테리어 문의에 대한 댓글을 남긴 후, 나는 더 꼼꼼하게 이 분의 다른 글들도 살펴봤다. 블로그에 올린 글 중에는 '토지 투자'나 '건물 투자기'도 있었다. 사진에 언뜻 보이는 실루엣은 분명 젊은 남성분 같았는데, 나이 지긋하신 분들이 할 것 같은 토지나 건물 투자를 하다니 흥미롭게 느껴졌다. 그래서 더욱 그와의 인터뷰가 기대됐다.

전형적인 내향형 성격이라 낯선 사람을 만나는 것을 좋아하지 않는다고 했으나, 다행히 나의 취지에 깊이 공감하며 인터뷰에 응해주었다.

※ 지식산업센터란?

지식산업센터에 생소한 사람들을 위해 잠시 간단히 설명하자면, (구)아파트형 공장에서 지식산업센터로 명칭이 변경된 것이다. 「산업집적활성화 및 공장설립에 관한 법률」에 의거 첨단산업의 집적화와 활성화를 위해 정책적 지원을 받는 산업시설이며, 투자 대상 이전에 실제 사업 영위를 위해 사용하는 기업들이 입주하는 곳이다. 주로 (준)공업지역에 지어지는데, 거리에 지나가면서 보면 일반 사무실이 있는 건물인지 지식산업센터인지는 분간하기 어렵다. 또한, 지식산업센터는 일반적으로 수요가 높은 곳도 처음 준공 시부터 입주율이 100%가 되기 위해서는 1년 정도의 시간이 소요되기 때문에 부정적 시선으로 바라보는 사람들이 많은 종목이기도 하다.

하지만 입주 가능 업종이 상대적으로 일반 사무실보다 까다로워서 비교적 우량한 임차인을 만날 수 있다는 점과 은행에서 감정가를 일반 사무실에 비해 훨씬 높게 잡아준다는 점은 투자자들이 충분히 매력을 느낄 만한 이점이다. 덧붙이자면, 감정가가 높다는 것은 은행에서 이 자산에 대하여 우량하다고 평가해준다는 것이고 대출 비중을 높일 수 있어 실제 보유한 투자금이 적어도 도전해볼 수 있다는 말이기도 하다. 하지만 요즘 같은 시기에는 가파른 금리 인상으로 수익률이 예전보다 현저히 떨어지므로, 반드시 입지와 수익률에 대해 보수적으로 꼼꼼히 따져보고 접근해야 한다.

인터뷰

Ⓠ 간단한 자기소개 부탁드립니다.

Ⓐ 저는 30대 후반 운송업 회사에서 20년 차 과장 직책으로 재직 중입니다. 이른 나이에 결혼해서 자녀는 벌써 중학생입니다. 20대 초반부터 한 회사에서 줄곧 일해온 정말 흔히 볼 수 있는 평범한 직장인이고, 휴일이면 가족들과 예쁜 카페를 찾아다니거나 여행을 계획하는 정말 보통 사람이에요.

🔍 첫 투자 계기와 종잣돈은 어느 정도였나요?

회사는 절대 우리의 인생을 책임저주지 않습니다.

🅐 내 집 마련은 2018년 처음 했으니까 그전까지는 계속 전세살이를 했어요. 결혼도 20대 초반에 했기 때문에 내 집 마련을 결혼 후 거의 15년 만에 했습니다. 그 이유는 지금 생각해보면 회사 일을 너무 내일처럼 생각하고 매진해서 그 외에 다른 일에는 큰 관심이 없었습니다. 그 덕에 회사에서 인정도 받았지만, 어느 날 문득 깨달은 게 있어요. 회사 일은 아무리 열심히, 최선을 다해도 '나의 것'은 아니란 걸요. 당시 제가 허리 부상을 입게 되면서 '내가 언제까지 일할 수 있을까?' 하는 생각이 들어 덜컥 무섭더라고요. 그래서 더욱 열심히 할 수 있었습니다. 결국 언젠가는 회사를 그만두게 되는 시기가 올 거고 회사 또한 내가 얼마나 열심히 일했는지와 상관없이 내 모든 인생을 책임저주진 않을 테니까요.

부동산에 관심을 두게 된 건 2018년이었습니다. 당시 저는 아내와 아이와 함께 경기도에 있는 구축 아파트 전세에 살고 있었어요. 그때가 많은 분이 알고 있는 것처럼 수도권 집값이 한창 오르고 있어서 눈만 뜨면 신문에 「어느 지역 1개월 만에 몇천만 원 올랐다」, 「○○지역 규제했더니 옆 동네로 투기꾼 몰려들어」 같은 기사 제목들로 도배되던 시기였어요. 그리고 사람들도 모였다 하면

다 아파트값 이야기를 할 때였습니다. 정부에서는 그에 대한 우려로 연일 부동산 규제책을 내놓고 있었었고요.

당시 저도 가만히 두고만 보고 있어선 안 되겠다는 생각에 우리 가정의 현재와 미래를 위해 '내 집 마련'부터 해야겠다고 마음먹게 되었습니다. 어찌 보면 저에게는 '내 집 마련'의 시작이 투자의 계기가 되었다고 할 수 있겠네요. 아내와 함께 제가 살던 지역의 신축 아파트와 분양권을 열심히 알아봤는데, 다행히 그다음 해 입주하는 아파트의 분양권이 급매로 나온 것을 보고 바로 매수했습니다. 당시 분양가는 5억 대였고, 프리미엄은 4,800만 원이었어요. 분양권을 살 때는 분양가 계약금 10%와 프리미엄을 더한 금액이 투자금이니, 저의 첫 투자는 1억 원 정도라고 보면 될 듯합니다.

ⓠ 총자산과 포트폴리오 구성은 어떻게 되나요?

ⓐ 총자산은 70억 원 정도입니다. 부동산 100%, 보유 건수로는 20개가 좀 넘습니다. 명의는 법인과 개인 명의로 분산되어 있는데, 세부 종목으로는 아파트 2채, 오피스텔 3채, 지식산업센터 11채, 재개발 입주권 1개, 건물 1개, 토지 3필지가 있습니다. 투자 종목은 계속 다각화할 예정입니다. 이중 현재까지의 수익률과 앞으로의 시세차익 예상이 큰 것은 토지입니다.

💬 **'부동산' 종목을 이렇게 단기간에, 다양하게 투자할 수 있던 노하우는 무엇인가요? 그리고 투자금은 어떤 방법으로 마련하는지 궁금합니다.**

단기 투자를 통한 매각차익과 대출을 활용하라.

Ⓐ 자산이 오르는 것을 보면 자연스럽게 관심이 가게 마련입니다. 저도 취득한 분양권의 시세가 오르는 것을 보면서 더욱더 부동산 투자에 재미를 붙이기 시작했어요. 제가 매수했던 분양권 단지에 매수 1년 후인 2019년도에 입주했는데, 그때가 한창 수도권 집값이 가파르게 상승하고 있을 때라 입주 예정인 아파트의 감정평가 금액이 분양가보다 높게 나왔어요.

이에 대해 덧붙이자면, 일반적으로 아파트를 살 때 대다수 사람이 현금을 주고 사는 것이 아닌 대출을 받습니다. 입주 전에는 중도금대출이라는 '집단대출'을, 입주 후 개인이 '주택담보대출'을 받아 집을 사는 시스템이 일반적인데요. 보통 기축 아파트의 경우 KB시세*를 기준으로 해서 대출을 해주지만, 이제 입주를 시작하는 아파트는 최근 거래가 없어서 대출 기준을 잡기 위해 KB시세가 아닌 은행에서 직접 입주 예정인 아파트의 '감정평가'를 진행해요.

---

* 'KB시세' 확인 방법: KB시세에 공표된 매물 금액은 모든 은행 대출의 기준이 된다. 부동산 사이트(https://kbland.kr)에서 관심 있는 아파트를 검색하거나, 네이버 부동산에서 매물 검색 후 시세 확인을 통해서도 확인 가능하다.

저 또한 입주를 위해 주택담보대출을 받아야 했는데, 이 감정평가금액이 분양가보다 훨씬 높게 나온 거죠. 별 의미를 두지 않고 그냥 넘길 수 있는 부분일 수 있지만, 한창 집을 산 것과 동시에 투자금 없는 투자를 해야 했던 저로서는 '분양가보다 높게 책정된 감정평가금액'은 그 의미가 컸어요. 이는 '대출을 통해 투자금을 확보할 수 있다'는 것으로 해석할 수 있기에 당시 집을 담보로 받을 수 있는 대출을 최대로 일으켰습니다.

내 집 마련 이후 4년 동안 부동산을 사고팔았던 것이 50건 정도인데, 돈을 벌겠다는 목적보다는 사고파는 행위를 통해 '투자 경험을 산다'는 생각으로 반복한 것이었습니다. 2019년부터 2020년까지는 세금 이슈나 취득세 중과가 없어서 '주택' 투자를 했습니다. 경기도 일대의 분양권 및 재건축·재개발 입주권, 건물과 서울의 재개발 예정지 투자를 했고, 2021년 이후에는 취득세 중과 및 종부세 이슈 등으로 주택에 대한 투자 가치가 없다고 판단되어 서울 및 경기권의 오피스텔, 지식산업센터를 공격적으로 매수하기 시작했습니다. 그리고 재개발 예정지의 토지가 아닌 일반 토지 거래로 울릉도 토지를 매수했는데, 이는 저의 투자 철학을 더욱 확고히 할 수 있게 되고 투자 영역도 더 넓힌 계기가 되었습니다.

보통 저는 한 번 투자할 때 2,000만 원에서 1억 원 내외의 금액으로 진행했는데, 건물과 토지에 투자할 때는 그래도 각 2억 5,000

만 원 정도 들었습니다. 만약 이 모든 자산을 매각하지 않고 보유하고 있었더라면 투자금이 묶이기 때문에 이렇게 많은 투자 경험을 할 수 없었겠죠. 투자 경험을 위해서 저는 꾸준히 매각과 매입을 반복했습니다. 차익이 생기면 바로 다른 투자 대상에 투자한 거죠. 이런 순환이라면 현금이 충당되기에 더욱 많은 거래를 진행할 수 있습니다.

아직 투자 경력이 길진 않지만, 저는 투자 초기부터 돈을 버는 것보다 경험이 중요하다고 생각해왔고, 애초 투자를 시작한 목적이 자산 증식보다는 투자 경험에 초점이 맞춰져 있었기 때문에 한 번 투자하면 보유 기간이 대개 짧습니다. 그래서 사람들의 예상보다 매각차익이 크진 않았지만, 거래 빈도를 늘림으로써 저에게 맞는 부동산 투자 종목이 무엇인지도 더 확실히 알 수 있었습니다. 이건 물론 저만의 투자 방향성입니다. 사람마다 투자 성향이 각각 다르기 때문에 제 방법이 누구에게나 맞다고 생각하진 않습니다.

예를 들어, 제가 아파트 투자에서 다양한 투자로 넘어가게 된 것도 '경험'을 중시하는 데서 비롯된 겁니다. 아파트는 보통 경매로 접근하는 것이 아니라면 부동산 중개소에서 물건을 소개해주는 다양한 지역과 매물들을 보고 가격을 비교한 후에 거래하는 과정을 거치기에 별다른 경험 요소가 없습니다. 그나마 특이 사항이라면 세입자분의 요청 사항을 해결해주는 것인데, 그 외에는 제가 해결해야 할 일이 딱히 없습니다. 이 부분도 많은 부분 소장님들이 알아서 해결하기도 합니다. 경험적 측면으로 보자면 저에게 큰 공부가 되진 못하는 거죠. 하지만 재건축·재개발, 토지, 지식산업센터 등은 스스로 분석해야 할 사항들이 아파트보다 훨씬 많아서 저에게는 더욱 매력적인 종목이라고 생각했습니다.

또한, 대출에 대해 막연한 두려움을 갖고 계시는 분들이 많은 것 같은데요. 대출을 두려움의 대상이 아니라 필수 조건으로 생각할 필요가 있습니다. 저는 투자를 하기로 했다면 대출에 대한 두려움은 벗어나는 것이 자산을 빠르게 증식하는 데 도움이 된다고 생각합니다. 물론 요즘처럼 금리 인상기에는 조심스러운 이야기이긴 하지만요. 무작정 많이 일으키는 것이 좋다는 이야기가 아니라 자신이 이자를 감당할 월 소득의 흐름이 있다면 대출을 받지 않고서는 자산을 증식하기 어렵다고 생각합니다.

자본주의 시스템을 이해하는 것이 중요한데, 금융화폐시스템으로 돌아가는 자본주의 사회에서는 통화량이 계속 팽창하기 때문에 절대 대출을 일으키지 않고서는 자산이 상승하는 속도를 본인의 근로소득만으로는 쫓아갈 수 없습니다. 그렇기에 저는 고금리 사채처럼 위험한 대출이 아니라면, 오히려 대출이 아예 없는 상태가 더욱 위험하다고 생각합니다.

대출에도 종류가 굉장히 많은데요. 저는 가장 일반적인 부동산 담보대출, 신용대출을 활용했습니다. 감사하게도 투자금이 부족할 때마다 저의 투자 과정을 아는 투자 동료분들이 저를 믿고 먼저 빌려주겠다고 제안해주셔서 더 활발히 투자할 수 있었습니다. 간절한 마음으로 열심히 하면 주변 사람들이 다 알아주기 마련인 듯합니다. 현재로써는 길이 전혀 보이지 않는다고 좌절하기보다 '포기하지 않는다면 방법은 다 있다'는 것을 꼭 기억했으면 합니다.

ⓠ 부동산 투자의 영역을 넓힌 예로 '토지'를 언급하셨는데, 가장 성공적이었던 토지 투자 사례는 어떤 건가요?

아파트 투자는 살림을 나아지게 하고,

토지 투자는 인생을 바꾼다.

ⓐ 가장 성공적이었던 토지 투자는 2022년에 낙찰받은 경기도 ○○시 재개발 예정 구역에 과소필지*입니다. 보통 재개발 구역에서 입주권을 받으려면 지분이 많아야만 가능하다고 생각할 수 있는데요. 이때 중요한 것은 재개발 구역의 입주권 자격에 대해 꼼꼼히 확인해야 한다는 것입니다. 지자체 조례에 따라 입주권 토지면적

---

*   단독으로 개발이 불가능한 소규모 필지를 규정하는 개념으로, 시군구 조례에 따라 기준이 다르다. 서울시의 경우 토지면적이 90㎡ 미만을 기준으로 한다.

의 제한 사항이 다르기 때문에, 단 1평만 있더라도 입주권이 나오는 지역들도 있으니 미리 포기하지 말고 이 점을 참고하길 바랍니다. 투자금이 적은 경우에도 이러한 조건의 지역들을 눈여겨보길 추천하고 싶습니다.

결국엔 조합 정관에 따라서 입주권 발생 여부를 알 수 있는데, 정관상 토지면적이 부족한 경우가 생긴다면 추가로 해당 구역에 토지를 추가로 매수한다거나 빌라나 상가를 추가 매수하는 방법도 생각해볼 수 있습니다. 또한, 지자체별로 기준이 달라 토지면적 $30\sim60m^2$ 또는 $30\sim90m^2$는 사업시행인가일부터 준공일까지 무주택자에게 한해서 입주권을 주기 때문에 무주택자에게 매도 또는 증여를 해보는 방법도 고려해볼 수도 있습니다.

지금 당장 미래 결과를 예측할 수는 없겠지만 적어도 투자를 하는 이 순간, 본인이 하는 투자에 대한 의심보다는 확신이 있어야 한다고 봅니다. 투자의 주체는 투자자입니다. 저의 경우 항상 인내를 가지고 충분한 근거와 자기 확신을 통해 투자했던 건들은 수익이 높았습니다. 남들의 추천이 아닌 자신만의 확신으로 스스로 찾아낸 부동산에 투자했으면 좋겠습니다.

Q '재개발 구역의 입주권 자격 꼼꼼히 확인하기'는 어쩌면 토지 투자보다 재개발 투자와 토지를 접목한 것 같네요. 일반적인 토지 투자의 특성과 투자 시 어떤 것을 유의해야 할까요?

집값 내려갈 때도, 토지는 상승한다.

A 가장 큰 장점으로 부동산 불경기에는 하방경직성이 강하고 호경기에는 어느 부동산보다 큰 폭으로 상승합니다. '하방경직성'이란 수요공급의 법칙에 의해 수요가 감소하거나 공급이 증가할 경우 하락해야 할 가격이 어떠한 원인에 의해 하락하지 않는 현상*을 말하는데요. 즉, 한 번 가격이 결정되고 나면 경제 여건이 변화해도 가격이 쉽게 하락하지 않는 현상을 의미합니다.

전국 지가 동향을 보면, 서울과 지방 주택시장이 하락했을 때도 토지는 해당 지역 주택 하락 기간에도 지가는 오히려 상승하는 모습을 보여왔습니다. 주택 투자는 수급과 정책에 따라 오르고 내리는 폭이 있지만, 토지는 부증성으로 인해 공급 없이 수요만 보면 되기에 하락이 거의 없습니다. 그래서 안정감 있게 투자할 수가 있는 것이 큰 장점이라고 생각합니다. 여기서 '부증성'이란 단어를 처음 알게 된 분들도 있을 텐데요. '부증성'이란 부동산의 자연적 특성 중 하나로, 생산비나 노동을 투입하여 토지의 물리적 양을 임

* 출처: 『매경경제용어사전』

의로 증가시킬 수 없는 특성을 의미해요. 즉, 부증성에 기인한 특정 토지의 희소성은 지가 상승을 유발하기 때문에 이는 부동산 문제의 가장 근본적인 원인으로 꼽히기도 합니다.

우리나라는 토지 보유 여부에 따라 불평등이 심화될 수밖에 없기에 공공의 측면에서는 사회적 문제가 되기도 하지만, 반대로 투자의 관점에서 토지의 희소성은 토지 투자로 큰돈을 벌 수 있는 기회 요소이기도 합니다. 그러나 무턱대고 아무 토지에나 투자하는 것은 금물이므로, 그 유의 사항에 관해서도 설명해보겠습니다.

첫째, 토지의 수요가 이미 많은 곳보다 향후 수요 증가가 예상되는 곳을 선점해야 합니다. 예를 들어, 일자리가 잘 조성되고 교통이 개선된 택지지구는 인구가 늘어날 여지가 충분하니 시간이 지날수록 가치가 높아지겠죠? 그러니 수요 증가를 기대할 수 있습니다. 또한, 용도지역에 따라 건축물의 종류와 건물의 크기와 높이가 다르므로 수요 증가가 예상되고 좋은 조건의 건물을 지을 수 있는 용도지역 토지에 투자해야 합니다.

가장 선호되는 용도지역은 '관리지역'*인데요. 이 관리지역이 인기가 있는 이유는 다른 토지보다 가격도 저렴하면서 상대적으

---

* 도시지역의 인구와 산업을 수용하기 위하여 도시지역에 준(準)하여 체계적으로 관리하거나, 농림업의 진흥, 자연환경 또는 산림의 보전을 위하여 농림지역 또는 자연환경보전지역에 준(準)하여 관리가 필요한 지역.

로 이용이 편리하기 때문입니다. 그래서 많은 분들이 찾고 있으며, 실거래가 많이 일어나는 토지입니다. 관리지역은 계획관리지역, 생산관리지역, 보전관리지역으로 나눌 수 있습니다.

둘째, 예상하는 호재들이 향후 몇 년 이내로 실현될 수 있을지 예측해보는 것입니다. 모든 선택에는 대가가 따르듯이, 불확실한 호재거나 장기간 기다려야 하는 호재라면 기회비용 측면에서 올바른 선택인지 고민해볼 필요가 있습니다. 보통 우리가 토지 투자에 실패하는 사례 중 이 경우가 많긴 합니다. 무작정 호재 계획만 보고 투자하는 것은 정말 위험한 행위이므로 꼭 실현 가능한 호재인지 따져보아야 합니다.

셋째, 건축이 가능한 토지가 맞는지 확인해봐야 합니다.

1. 크게 건물을 지을 수 있는 도로가 있는가
2. 토지이용규제에서 건축을 허용하는가
3. 개발허가를 받는 데 문제는 없는가

이렇게 세 가지를 크게 나누어 살펴볼 수 있는데요. 가장 핵심적인 내용을 투자자들이 보통 확인하는 방법으로는 '토지이용규제정보서비스**'를 열람하는 방법입니다. 이 시스템에 들어가면 토

** 토지이용규제정보서비스(http://luris.molit.go.kr)

지가 소재하고 있는 지역과 지번을 입력하고 '열람' 버튼을 누르면 토지이용계획확인서를 조회할 수 있는데요. 여기서 주목할 점은 토지이용 규제 내용에 따라 해당 토지에 건물을 지을 수 있는지 없는지가 결정됩니다.

가장 간단한 방법은 토지이용계획 확인서에 '개발제한구역, 도시자연공원구역, 상수원보호구역, 하천구역, 소하천구역, 소하천 예정지, 비오톱 1등급*'이라는 단어가 보이면 투자 대상에서 제외하는 것입니다. 이런 토지는 공익적 목적으로 사용하도록 지정된 토지라 건물을 지을 수 없습니다. 토지 투자는 내가 직접 올리든 그렇지 않든 건물을 지어서 수익이 창출되어야 하는데 그러지 못하게 되는 상황에 처해지는 거죠. 그러니 관심 있는 토지가 있으시다면 이 토지이용계획확인서를 꼼꼼히 읽어봐야 합니다.

제가 처음 토지 투자를 시작했을 때, '토지'와 관련된 정말 많은 책을 읽었는데요. 토지 투자에 전반적인 기초를 공부할 때 도움받았던 책은 『시루의 대체불가 토지 투자법』**이었습니다. 이 외에도 토지 투자와 관련한 책들은 많으니 참고하시면 좋을 듯합니다.

---

* 비오톱(biotope)이란 그리스어인 비오스(생명, bios)와 토포스(땅, topos)가 결합된 용어로, 특정한 식물과 동물이 생활공동체를 이루어 사는 생물 서식지를 뜻한다. 서울특별시 도시계획조례에 따르면, 비오톱은 5등급으로 구분되며 이 중 비오톱 1등급인 토지는 절대 보전지역으로 분류된다.

** 시루, 다온북스, 2022.

ⓠ 토지 투자를 위해 정기적으로 모니터링할 자료는 무엇인가요?

Ⓐ 사람들이 이미 많이 알고 있는 투자 종목은 어떤 면에서는 내가 얻을 이익에 제한이 있을 수 있다는 것을 의미한다고 생각합니다. 기회는 남들이 보지 않는 곳에 있습니다. 남들이 잘 보지 않는, 그리고 제가 실행하고 있는 자기계발 방법을 네 가지 정도 추천하고자 합니다.

첫째, 지가 상승 리포트 확인해서 투자 지역을 선점하는 것입니다. 토지 투자는 많은 분에게 조금 생소한 투자 종목일 수 있지만, 진짜 돈이 되는 것은 토지 투자입니다. 저는 지방에 있는 토지 투자를 평당 40만 원에 낙찰받아 수천 평의 땅을 투자하게 된 사례가 있었는데요. 이 지역의 경우 2021년도에 전국 지가 상승률 2위에 올랐고, 이 토지 투자로 인해 저의 투자 수익 또한 극대화되었습니다. 지가 상승 리포트 중 가장 접근성이 좋은 것은 <한국부동산원>에서 매월 발행하는 '지가 동향 리포트'입니다. 이를 통해 지가의 동향을 살펴보는 것만으로도 초보자에게 관심을 지속할 수 있는 좋은 방법이라고 생각합니다.

둘째, 국토종합계획, 도시기본계획, 도시관리계획을 공부하는 것입니다. 국토개발의 최상위 계획인 국토종합계획은 20년 단위로 수립하고 5년마다 타당성 검토를 합니다. 제5차 국토종합계획

(2020~2040)은 2019년 12월 11일 공고가 올라왔습니다. 국토종합계획은 국토개발과 보전에 관한 종합적이고 장기적인 정책 방향을 설정하는 최상위 계획입니다. 도시기본계획이 광역도시기본계획과 충돌할 수 없으며, 광역도시계획은 국토종합계획과 충돌할 수 없습니다. 그러므로 국토종합계획을 제대로 공부해야 하위계획도 제대로 파악할 수 있고 방향성을 이해하는 데 도움이 됩니다. 그리고 하위계획인 도시기본계획과 도시관리계획을 보시면 어느 지역에 중점적으로 투자해야 할지 파악할 수 있게 됩니다.

'도시기본계획'은 특별시·광역시·시 또는 군의 관할 구역에 대하여 기본적인 공간구조와 장기발전방향을 제시하는 종합계획으로서 도시관리계획 수립의 지침이 됩니다. '도시관리계획'은 주민들의 사적 토지이용, 즉 건축행위를 할 때 '건폐율, 용적률'* 등에 대한 법정계획으로 도시기본계획과 다르게 구속력이 있어 토지투자 시 더 중점 있게 보는 편입니다.

셋째, 관심 있는 부동산 분야가 있다면 '일상생활화' 해야 합니다. 저는 보기와 다르게 예쁜 카페 찾아다니고, 패션에도 관심이 많아 옷 사는 것도 좋아해요. 이런 것들을 즐기는 시간 속에서 부동산 투자도 너무 각 잡고 하기보다 늘 일상처럼 재밌게 하려고 노

* '건폐율'은 '대지면적'에 대한 '건축면적'의 비율을, '용적률'은 '대지면적'에 대한 지상 건축물의 '연면적(건물 각 층의 바닥면적을 합친 면적) 비율을 말한다.

력하는 편이에요. 제가 가장 즐거움을 느끼는 시간은 좋아하는 카페에 가서 아이스 아메리카노를 마시며 스마트폰 앱을 통해 '용도지역, 용도지구, 용도구역'** 등을 확인하고, 로드뷰를 통해 과거와 현재의 모습을 확인하면서 과거에는 평당 시세가 얼마였는지, 상권에 변화가 있었는지 등을 살피는 것입니다. 이러한 행동들을 일상생활화하고 유지하려고 많이 노력합니다.

네 번째, 토지 관련 책, 강의, 유튜브를 보며 꾸준히 임장하는 것입니다. 먼저 앞서간 투자자들을 따라 해보고 나만의 방식으로 접목하는 과정을 거치는 게 좋습니다. 저 또한 투자처를 선정할 때 스스로 모든 것을 알아낸다기보다는 책, 강의, 유튜브 등을 활용해 투자 아이디어를 얻고 스스로 투자해볼 만하다 싶으면 적극적으로 알아본 후 임장하며 제 자금 사정에 맞춰 투자하고 있습니다.

토지 및 그 정착물이 부동산입니다. 토지는 부동산의 기본입니다. 기본기에 충실하라는 말이 있는데, 모든 사고의 원인은 기본에 충실하지 못한 데 기인한 경우가 많습니다. 기본기를 잘 닦는다는 것은 기초가 튼튼하다는 말이고, 그 기초를 탄탄히 한다면 흔들림

** '용도지역'은 토지의 이용이나 건축물의 용도, 건폐율, 용적률, 높이 등을 제한함으로써 토지를 경제적이고 효율적으로 이용하고 공공복리의 증진을 도모를 위해 중복되지 않은 도시관리계획을 한 지역을 뜻한다. '용도지구'는 계획적인 도시개발이 필요한 지역에 주거, 상업, 산업, 유통 등의 기능이 있는 단지 또는 시가지를 조성하기 위해 시행하는 사업을, '용도구역'은 시가지의 무질서한 확산방지 등 용도지역 및 용도지구의 제한을 강화 또는 완화하는 지역을 말한다.

없는 투자를 할 수 있습니다.

ⓠ 토지 투자 외에 의미 있는 투자 사례가 있나요?

확신이 들었다면, 자금 여력의 범위 안에서 통 크게 질러라.

ⓐ 장기간 투자를 위해서는 결국엔 매월 현금흐름이 있는 것이 중요해요. 시장이 하락하는 상황에서 돈이 필요하다고 시중 가격으로 자산을 매도하면 거래가 잘 이뤄지지 않는 경우가 많습니다. 이럴 때 현금흐름이 막혀버리면 완전 헐값에 자산을 매각해야 할 수도 있어요. 이러한 시기를 감당하기 위해서는 자산을 증식하는 투자 방법 외에도 자산 가격 자체의 시세 상승은 더디지만 매월 임대수익을 안겨주는 투자도 병행되어야 한다고 생각합니다.

저도 매월 임대수익을 위해 지식산업센터에 투자하고 있습니다. 2022년 입주한 지식산업센터를 2021년 6월 분양권 상태로 10개 호실을 매수했습니다. 보통 여러 지역의 지식산업센터에 나눠 투자하는 것이 아닌 특정 지역의 센터를 10개씩 투자하는 경우는 드문 사례인데요. 해당 지역의 시세를 최근 경매 낙찰가율을 통해 확인해보니 눈에 띄는 것은 아니지만 계속해서 오르는 추세를 보이는 것에 확신이 생겨 그때부터 집중적으로 그 지역의 일대 지식산업센터를 알아보기 시작했습니다.

처음엔 경매로 나온 해당 지역 기축 지식산업센터를 알아봤는데, 경매로 나온 지식산업센터 시세보다 입지가 조금 부족한 곳이었어요. 하지만 그다음 해 입주하는 지식산업센터 평당가의 최소 안전마진*이 100만 원 이상은 있어 보였고, 당시 지식산업센터 흐름이 좋아서 타 지역과 비교해도 향후 상승 여지가 있었습니다.

지식산업센터는 공실률을 감당해야 해서 인근 센터들의 입주율도 확인해보니 배후 수요도 충분해서 한 번에 6개 호실을 자신 있게 매수했어요. 매수 후에도 이 확신을 기반으로 4개 호실을 추가 매수했고요. 평당 프리미엄 포함해서 600~700만 원 초반 정도에 매수해 현재 평당 1,000만 원 정도 시세가 올랐고, 1년 전보다 평당 300~400만 원 정도 올랐습니다.

리스크 관리 차원에서 분산투자는 효과적일 수 있지만 분산하다 보면 수익률이 높지 않을 수 있습니다. 집중투자는 분산투자와는 반대의 장점이 있는 거죠. 아직 부자가 아니고 재산을 늘려 부자가 되기를 희망한다면 공부하고 관찰하면서 적절한 기회가 왔을 때 '선택과 집중'을 통해 승부수를 띄울 수 있길 바랍니다.

---

* 투자할 때 최소한 얻을 수 있다고 기대하는 수익률을 뜻한다.

💬 리스크 관리는 어떤 방법으로 하고 있나요?

무리한 투자는 한 사람과 한 가정의 삶을
송두리째 망가뜨릴 수 있다.

🅐 사업이나 투자는 일시적으로 유동성이 막힐 수가 있는데 이를 잘 넘길 수 있는지 없는지가 정말 중요합니다. 2018년쯤 화성 동탄 1신도시 갭투자한 아파트 수십 채가 경매로 나왔던 적이 있습니다. 만약 이 고비를 넘겼으면 최소 수십억 이익의 소유자가 되었을 텐데 말이죠. 이처럼 너무 무리한 투자는 한 사람과 한 가정의 삶을 송두리째 망가뜨릴 수 있습니다.

하락장이 오면 경·공매가 빛을 발휘할 거라고 보고 부동산 공부 시작한 지 얼마 안 돼 시작하게 되었습니다. 경·공매*의 매물 대부분은 세금 체납 또는 개인이나 은행에 채무 불이행으로 부쳐지는 것들입니다. 이러한 사례들을 자주 보며 리스크 관리의 중요성을 항상 염두에 두면서 투자를 이어오고 있습니다.

갭투자의 경우는 아파트의 매매가격이 내려가더라도 전셋값이 매수 당시보다 내려가지 않는다면 버틸 수 있지만, 반대로 전셋

---

* 채권회수를 목적으로 국가의 공권력이 개입하여 강제로 동산, 부동산 등의 재산을 압류하는 것으로 민사집행법상에서는 '경매', 국세징수법상에서는 '공매'라는 용어를 사용한다.

값이 내려간다면 역전세를 맞아서 보유한 아파트 개수만큼 리스크는 배가 됩니다. 「주택임대차보호법」의 내용을 확인해보면 서로 간 계약한 임대 기간 종료 시 임차인은 목적물을 원상으로 회복하여 임대인에게 돌려줘야 하는 의무가 있고, 임대인은 임차인의 보증금을 지체 없이 반환해야 하는 의무가 있습니다. 그래서 저는 임대인의 의무를 다하기 위해 과다한 갭투자로 개수를 늘리는 투자를 지향하기보다는 가급적 임대는 반전세나 월세로 보유하는 편이었고, 세가 안 맞춰져도 보증금 반환은 계약 기간이 종료되면 바로 돌려주었습니다.

그리고 비상시를 대비해 부부 중에 한 사람의 신용대출은 사용하지 않았습니다. 내가 받을 수 있는 대출은 얼마인지 중간마다 확인했고, 손익계산서와 대차대조표를 이용해 부채와 자본을 확인하며 현금흐름을 파악해 리스크를 관리하고 있습니다.

ⓠ 월 임대 소득과 생활비는 어느 정도인가요?

소비를 줄이는 데 치중하지 말고 생산적인 지출에 집중하라.

ⓐ 월 임대 소득은 은행 이자를 제외하고 1,000만 원 정도가 됩니다. 월 생활비는 중학생 자녀를 둔 3인 가족 기준 월 500~600만 원

선이고요. 저는 평소 소비적인 지출은 줄이고 자기계발에 필요한 생산적인 지출은 오히려 늘리려고 노력합니다. 자기계발은 소득을 늘릴 수 있는 길이라고 보거든요. 생활비를 줄이는 건 한계가 있지만 소득을 늘리는 것에는 한계가 없습니다. 그러므로 소비를 줄이는 것에 치중하기보다는 소득 수준을 높이는 것에 열중하는 것이 더 큰 사람으로 성장하는 데 보탬이 된다고 생각합니다.

ⓠ 투자, 소비, 저축을 어떤 비중으로 진행하는 것이 좋을까요?

투자, 소비, 저축에서 자기만의 기준을 갖춰라.

ⓐ 현재 '투자≥소비>저축' 순입니다. 얼마를 벌더라도 저축은 모든 투자의 첫걸음입니다. 저축은 '소비를 위한 저축'과 '투자를 위한 저축'으로 구분할 수 있습니다. '왜 내가 저축을 하는지', '그 목적이 무엇인지'를 정확히 설정해야 합니다. 소비는 무조건 아끼고 안 쓴다고 현명한 것은 아닙니다. 앞에 언급한 것처럼 소비적인 지출보다 생산적인 지출을 하도록 해야 하고, 이러한 지출은 자신의 발전을 가져다주기에 도움이 된다고 할 수 있습니다.

저축만으로 부자가 된 사람은 많지 않습니다. 하지만 투자의 뒷받침이 되기도 합니다. 2015년도에 집 근처 은행에서 5년에 1억 만들기 금융상품을 가입해 매달 131만 원씩 저축했고, 그 저축이 내 집 마련을 이룬 기반이 되었습니다. 사회초년생 때는 저축과 소비 절제를 통해 종잣돈 마련을 최우선으로 해야 합니다. 종잣돈 마련 후 적극적으로 투자해야 부의 추월차선에 올라탈 수 있습니다.

저축은 부자가 되기 위한 필요조건이지 충분조건은 아닙니다. 그렇기에 부자가 되려면 투자를 잘해야 하고 자본주의를 아는 게 중요합니다. 자본주의 시대를 살고 있는데 자본이 없다면 매우 불행한 일일 겁니다. 내가 억대 연봉자라도 소비가 많아 저축을 얼마 못 한다면 그건 곧 기회비용을 잃는 것이고, 지금 모아두지 않으면 영원히 일하면서 평생을 살아야 할 수도 있습니다.

소비는 생활 수준에 맞게 하되 저축은 항상 기본이 되고 아무데도 투자하지 않는 것이 가장 위험하다는 말이 있습니다. 부자의 비결은 저축하고 그 돈을 투자하는 데 있다고 할 수 있습니다. 투자를 두려워하면 절대 부자가 될 수 없습니다.

소비보다 즐거운 것이 투자입니다.

명품과 해외여행 이러한 소비의 만족을 주는 것보다 투자를 통해 자산이 늘어나는 즐거움을 경험해보지 않았다면 반드시 경험해볼 것을 당부하고 싶습니다. 저 또한 해외여행, 쇼핑을 좋아하

는 사람이지만, 투자를 통해 자산을 증식하는 기쁨은 정말 비교할
수 없을 만큼 즐겁기 때문입니다.

저는 모든 것에 있어 완벽한 정답보다는 개개인에게 맞는 스
타일이 있다고 생각합니다. 투자와 소비 그리고 저축에 대해서 본
인만의 가치관도 만들었으면 좋겠습니다.

ⓠ 슬럼프를 극복하는 본인만의 방법이 있나요?

지나고 나면, '슬럼프에 빠진 시기' 또한 추억하는 날이 온다.

ⓐ 슬럼프는 다양한 요인으로 올 수도 있는데 대부분 심리적인 요
인에서 기인한다고 하더라고요. 저는 누구한테 하소연하거나 하
는 성격이 아니라서 다른 사람들보다 스트레스에 취약해 종종 슬
럼프에 빠집니다. 그래서 저는 슬럼프가 찾아올 때마다 아내가 해
줬던 말들을 떠올리곤 합니다.

"당신이 이렇게 열심히 하는데, 잘 안 되는 게 더 이상한 거 아
니야?"
"내가 사주를 봤는데, 보는 곳마다 당신은 40대 초반에 대운이
찾아오고 엄청나게 부자가 될 거래."

'앞으로 나는 더 잘 될 것이다'라는 믿음을 심어주는 아내의 말들을 떠올리면 슬럼프가 왔다가 금방 사라집니다. 지금 내가 힘든 상황이지만 이 시간이 지나고 나면 별일 아닌 것처럼 보일 때가 참 많아요. 그리고 그 고난의 시기를 겪었기 때문에 얻게 되는 것들도 있습니다. 모든 것은 생각하기 나름인 거죠. 현실을 인정하고 부정적인 생각에 벗어나면 사물과 상황에 대한 프레임이 달리 보이게 됩니다. 원하는 목적을 달성하고 나면 과거의 시간 중에서 슬럼프를 겪었던 시간조차도 추억하게 될 겁니다.

❓ 종잣돈 5,000만 원인 사람들에게 추천할 만한 투자에는 어떤 것이 있을까요?

소액 투자일수록 성과 내기가 더 어렵다는 것을 인지해라.

🅐 5,000만 원의 금액에 한정 짓지 말고 투자금을 최대한 늘릴 방법을 고려해보는 걸 추천합니다. 예를 들어, 아파트를 보유하고 있다면 현재 아파트에서 후순위 사업자 대출을 일으킬 수 있고, 신용대출을 더욱 늘릴 수도 있거든요. 사실 소액 투자는 부담이 없다는 점에서 좋지만, 결국엔 투자금이 적게 들어가는 투자이기에 그 가치가 그리 높지 않은 자산에 투자하는 것이라 볼 수도 있습니다. 소액 투자는 많은 사람이 접근할 수 있고 관심을 가지지만 투자의

성과를 내기란 쉽지 않습니다. 절대가격이 작다는 건 그만큼 누구나 선호하는 부동산은 아닐 수 있기 때문입니다.

대출을 통해서 투자금을 마련하거나 혹은 투자금을 늘릴 수 있는 다른 방법이 도저히 없다면, 오피스텔이나 빌라를 경매로 시세보다 낮게 낙찰받은 후 매매가격보다 전세금을 더 높게 세팅하여 투자금액을 늘리는 방법도 고려해볼 수 있습니다. 주택시장의 경우, 아파트 매매가격의 전체 흐름을 보면 과거 상승장에는 입지가 좋고 신축 아파트 위주로 상승했다가 하락했고, 다시 상승장에서 전 고점을 거의 다 회복하는 모습을 보였습니다. 즉, 예전 상승장에서는 모든 아파트가 다 오른 것은 아니었다는 것이죠.

하지만 이번 상승장에는 비교적 입지도 안 좋고 선호하지 않는 입지의 10년 이상 오르지 않던 구축 아파트도 모두 상승했습니다. 덩달아 서울 경기권 투룸, 쓰리룸 오피스텔도 가격도 많이 올랐고, 매매가격이 정체를 보였던 원룸 오피스텔을 대상으로 투자도 많이 들어갔습니다. 지식산업센터 중 대표적으로 서울 문정 현대 테라 타워의 경우 2016년 평당 800만 원 중후반대였지만, 2022년 평당 3,000만 원 가까이 올랐습니다.

과거에 올랐던 만큼 앞으로 오를 상승분은 그만큼 적어질 것이고 시장에 에너지가 응축되어야 다시 상승기를 맞이할 수 있습니다. 그동안 많이 올랐던 부동산은 보수적으로 보고 잘못 투자하면 10년 이상 기다리게 될 수 있어 큰 손해를 볼 수 있다는 점 반드시 숙지하시고 소액 투자일수록 더 신중하게 해야 합니다. 그리고 요즘 같은 시기에는 더더욱 '소액'에 치중하는 것보다 '우량 자산'을 '싸게 매수하는 것'에 더욱 집중해야 할 것입니다.

Q 투자하기 전과 현재를 비교했을 때 어떤 점이 가장 달라졌나요?

외적 성장보다는 내적 성장에 더욱 집중하라.

A 투자하기 전과 후를 비교했을 때, 지금의 저는 소비보다 생산적인 일에 더 집중하는 사람이 되었고 자기 자신의 역량을 높이는 것에 열중하게 되었습니다. 각 분야에 성공한 사람들의 책들을 읽으며 그들의 생각과 자세를 배우게 되었는데 이런 행동들이 내적 성장을 키우는 데 많은 도움을 받았습니다.

외적 성장은 단기간에 일어날 수도 있지만 내적 성장은 결코 단기간에 이루기가 어렵습니다. 그리고 내적 성장에 실패한 사람 중 대다수가 실패의 원인을 남 탓과 내 상황 탓으로 돌리며 외적인 성장에만 매달리는 경우가 많습니다. 내적 성장은 삶의 기본 소양이자 기초이며 힘든 과정이 오더라도 다시 일어날 힘이 되어줍니다. 인생은 생각보다 그리 길지 않지만 짧지도 않습니다. 단시간의 성공은 오히려 독이 될 수도 있기에 조금 느리게 가더라도 내적인 요소를 다져 부의 그릇을 크게 할 시간을 충분히 가져야 합니다. 내 그릇의 크기가 부족하면 현재 부자의 반열에 오르더라도 지켜 내기가 어려울 것이고, 그릇의 크기를 키워놓는다면 어느새 부자가 되어 있을 것입니다.

많은 분들이 내적 성장과 외적 성장 모두 조화를 이룬, 진정으로 성공한 사람이 되길 바랍니다.

◎ 앞으로의 투자 계획은 어떤 방향으로 잡고 있나요?

당장의 수익보다는 경험에 집중해라.

🅐 저는 사람마다 자신의 투자 스타일이 중요하다고 봅니다. 저의 경우, 지금까지의 투자 방식은 당장의 수익보다는 경험을 많이 하는 데 집중했어요. 감을 익히고 싶어서요. 부동산의 기대수익을 높이기 위해서는 시간을 버텨야 하는데 장기간 돈이 묶여있게 되면 다양한 경험을 해보지 못할 것이라고 생각했습니다. 저는 약 3년 동안 법인을 통한 40건이 넘는 매수·매도를 경험해보았습니다.

더 나아가, 앞으로는 저의 투자 스타일에 맞추되 그간 경험하지 못한 것들도 경험해보려고 하는데요. 바로 토지 매수 및 개발을 통한 주택건설임대사업자*와 공장이나 창고를 지어 임대 및 매매를 하는 것입니다. 현재는 계획 중이에요. 주택건설임대사업자는 주택 투자에서 유일하게 세금 면에서 유리하고, 다른 부동산보다 공실의 위험이 적기 때문입니다. 그리고 공장이나 창고는 '수요'와 '거래 시세'를 정확히 조사한 후 저렴하게 매수한다면 시작 단계부터 안전마진이 확보되고, 월세로 이자 부담도 해소할 수 있기에 장기적인 투자가 가능합니다.

그리고 현금흐름을 만들 수 있는 'NPL투자'를 할 예정입니다. NPL은 Non Performing Loan의 약자로 금융기관이 빌려준 돈을 회수할 가능성이 없거나 어렵게 된 부실채권을 말하는데요. 금융기관에서는 돈을 빌려준 대신 이자를 받아야 정상적인 시스템인데, 어느 날 차주**가 이자를 연체하면 은행은 이 정상 시스템에 영향을 받게 됩니다. 은행은 차주가 연체하기 시작하면 이를 부실채권으로 분류하는데, 이 부실채권이 많으면 은행의 건전성이 떨어지기 때문에 이 부실채권을 누군가에게 팔고 싶어 해요.

---

* 주택을 건설한 후 임대주택으로 등록하면 취득이나 처분 이전 단계에 특정 요건을 충족하는 경우 취득세, 재산세, 종합부동산세, 양도소득세 중과 감면이 가능하다.

** 돈이나 물건을 빌려 쓴 사람.

하지만 이 금융권의 부실채권은 개인에게 매각할 수는 없고 NPL을 인수하는 업체에 매각할 수 있는데요. 그래서 NPL투자를 하고 싶은 개인이라면 이 NPL 인수업체에 간접 투자하는 방식을 취하면 됩니다. 또는 부실채권을 조금 싸게 매입해서 이자와 할인된 금액을 모두 경매로 배당받는 방식이나 경매에 직접 참여해서 수익을 낼 수도 있습니다.

아직은 대중이 많이 참여하고 있지는 않기에 오히려 기회가 될 수도 있다 생각해요. 금리가 오르면서 이자 감당이 어려운 부실채권이 시장에 갈수록 많이 나올 것이고, 이를 저렴하게 매수해 현금흐름을 만들 수 있다는 것은 어떻게 보면 큰 기회가 될 수도 있으니까요. 이러한 투자 방식에 관심 있는 분들에게는 NPL투자도 권하고 싶습니다.

어떤 분야든 임계점을 통과하지 못하면 무엇을 하든 늘 원래 자리로 돌아가게 됩니다. 하지만 임계점을 넘는 순간엔 계단식 상승이 아닌 수직 상승을 하게 된다고 봅니다. 그렇기에 임계점을 통과하기 전까지는 투자 수익은 수익금이 아니라 경험으로 생각하셨으면 좋겠습니다. 단기간 수익보다는 다양한 경험에 비중을 둔다면, 내실을 다지는 데 도움이 될 것이고, 이는 부자가 될 수 있는 그릇을 키우게 될 것이라 믿습니다.

사람마다 생각하는 것이 다르겠지만, 저는 개인적으로 시야를 좁게 갖는 것보다 다양한 경험으로 넓은 시야를 갖게 되는 것을 추천하고 싶습니다. 어떤 일을 시작할 때 우리를 가로막는 것은 어쩌면 애초부터 스스로를 '초보자'라고 여기는 편견일지도 모릅니다. 이 편견에 갇히면 앞으로 내딛지 못할 수 있다 생각합니다. 늘 자신감을 가지고 원래 있던 자리에서 한 발짝 더 나아가셨으면 좋겠습니다.

인터뷰 처음에 말씀드린 것처럼 저의 경우도 결혼 후 15년 만에 내 집 마련을 했기에 비교적 부동산 시장에 빨리 눈을 뜬 것은 아닌데요. 부동산 투자의 중요성을 실감하고부터는 적극적으로 공부하고 투자하며 일상생활 전반에 많은 변화가 있었어요. 제가 15년 동안 무주택이었지만 단기간에 많은 성장을 이룬 것처럼, 투자에 이제 막 입문하시게 된 분들도 늦었다고 생각하지 마시고 지금부터 기초를 튼튼히 다져 자산을 일구는 기쁨을 누리시길 바랍니다.

'늦었다고 생각했을 때가 가장 빠르다'는 그 말,

정말이더라고요.

인터뷰 중 꼭 알고 가야 할 이야기

1. 투자 마인드

① 완벽하게 모든 것을 알려고 하기보다는 관심 가는 영역에 대한 책, 유튜브, 강의 등을 통해 아이디어를 얻고 다양한 경험을 함으로써 본인과 맞는 투자 스타일을 찾아라.

② 투자는 일시적 자금흐름에 막힐 수 있다는 것을 늘 인지하고, 현재 본인의 현금흐름에 대해서도 늘 보수적으로 접근해라.

③ 초보일수록 돈을 벌려고 하지 말고, 투자를 확신하기 위한 경험을 다각화해라.

2. 투자 추천

토지 투자 (집값이 하락했을 때도 지가는 상승해왔습니다.)

① 매월 한국부동산원 리포트를 보고 수요 증대가 예상되는 지역을 공부해라.

② 국토종합계획, 도시기본계획, 도시관리계획을 철저히 분석해라.

③ 관심 있는 부동산 분야가 있다면 '일상생활화'해서 가까이해라.

④ 토지 관련 책, 강의, 유튜브를 보면서 꾸준히 임장해라.

3. 대출 의견

월급 모아 절대 투자할 수 없다. 감당 범위 내에 대출은 필수다. 현재 있는 돈만을 종잣돈이라 생각하지 말고 가용 가능한 대출을 파악해둬야 한다.

4. 종잣돈 5,000만 원 투자 추천

① 소액 투자라면 많이 벌 생각은 하지 않는 것이 좋다.

② 종목에 국한하지 말고 토지, 오피스텔, 지식산업센터 등 다양한 종목을 두루 알아보고 수익형 부동산의 경우 반드시 지역별 임차 시세 확인과 대출 금리 확인을 통해 수익률을 철저히 따져봐야 한다.

5. 소비, 저축, 투자의 중요도에 대한 의견

'투자≥소비>저축'

저축은 모든 투자의 기본이 되고 아무 데도 투자하지 않는 것은 가장 위험하다. 부자의 비결은 저축하고 그 돈을 투자하는 데 있으며, 투자를 두려워하면 절대 부자가 될 수 없다.

6. 멘탈 관리

- 슬럼프 또한 추억하게 될 날이 올 거니 '현재를 즐겨라'.
- 수익보다는 다양한 경험에 비중을 두고 부자가 될 그릇을 키워라.

7. 향후 계획

- 주택건설임대사업과 공장과 창고 임대사업을 통한 임대수익
- NPL투자를 통한 현금흐름 창출

실전주식투자대회 1등하고,
부동산 투자를 선택한 이유

젊을 때일수록 현금흐름을 다양화하세요.

- 부동산 유튜버 정○○ 씨

인터뷰이 정보

연령	30대 초반 남성
직업	공기업 회사원
직책 및 연봉	대리 / 연봉 5,500만 원
자산	20억 원
투자 분야	분양권, 신축 갭투자
추천 투자 종목	분양권
종잣돈	1.2억 원

어린 시절, 그의 아버지는 다양한 사업에 시도했고, 될 때까지 시도하려고 했지만 하늘은 그를 도와주지 않았다. 그의 아버지는 아내와 두 아들을 위해 결국 사업의 꿈을 접고 낮에는 직장, 밤에는 대리운전을 하며 10여 년의 생활을 이어왔다.

　　　　　　　　　　　　　　　　　　　그래도 그는 꿈꿨다.
　　　　　　　　　　　　　　　　　반드시 부자가 되고 싶다고.

　책 『부의 추월차선』에 나오는 엠제이 드마코(MJ DeMarco)의 람보르기니처럼 멋진 차를 끌고 다니는 부자가 꼭 되고 싶었다. 그래서 대학 시절부터 미친 듯이 투자와 사업 공부에 매진했다. 노력 끝에 모 증권회사에서 주최하는 실전주식투자대회 1등의 영예도 누렸다. 그리고 밤낮으로 코인 차트를 분석하고 투자하여 꽤 많은 돈도 벌었다. 하지만 이러한 투자는 안정적인 수익을 가져줄 수 있는 구조가 아니었다.

　그러던 어느 날 직장에서 한 회사 선배를 마주하게 된다. 선배는 포르쉐 파나메라의 차주였다. 월급으로는 불가능한 소비라고 생각이 들었고, 어떻게 가능하게 만들었는지 미치도록 궁금했다. 그래서 무작정 그 선배를 찾아가 어떻게 돈을 벌었는지 물었다.

"나? 부동산!"

이 대답에 그는 선배에게 매달려 부동산 투자의 원리를 배웠고 부동산의 매력에 빠져들었다. 그것은 주식, 코인과는 완전히 다른 신세계였다.

만남

필자는 2022년 봄, 지인들과 함께 책『젊은 부자의 법칙』의 저자인 바이런베이의 '카운슬링 펜션'에 다녀온 적이 있다. '카운슬링 펜션'을 잠시 설명하자면, 창업, 재테크 등 저자가 참여자들의 상황에 맞춰 1:1로 상담을 해주는 프로그램이다. 나는 우연한 기회로 이 프로그램에 참여하게 되었는데, 당시 바이런베이님은 젊은 나이에 대단한 청년 유튜버가 있다고 넌지시 이야기해주었다. 이때 나는 <인터뷰 프로젝트>를 추진하던 중이라 단순히 지나가는 말로 들리지 않았고, 꼭 기억하고 있다가 기회가 있다면 이 분을 인터뷰해야겠다고 다짐했다.

펜션에서의 일정이 끝나고 곧바로 이 주인공이 운영하는 다양한 채널을 확인했다. 전반적인 내용은 영남권역의 청약을 분석한 것이었는데, 어째 유튜브 속 분석 자료가 범상치 않았다. 또한, 다른 채널들과 달리 유튜버를 중심으로 한 대출상담사, 지역 부동산, 입지 분석 스터디 등 전문 스텝들이 함께하는 대규모 커뮤니티 같았다. 커뮤니티의 중심에 있는 유튜버는 대체 무얼 하는 사람인지, 부동산 인사이트는 어떻게 되고 커뮤니티를 이끌어가는 힘이 무엇인지 이런저런 궁금증이 커졌다. 그리고 이제, 그 궁금증을 풀 수 있는 인터뷰를 할 기회가 생겼다.

그 대단한 청년이 바로 이번 챕터의 주인공이다.

인터뷰

🅠 간단한 자기소개 부탁합니다.

🅐 안녕하세요. 저는 영남권역 부동산 커뮤니티(블로그, 단톡방, 유튜브, 카페)를 이끌어가고 있는 30대 청년입니다.

창업한 지는 이제 2년이 좀 안 되었는데 생각보다 빠르게 성장하고 있는 과정에 있습니다. 첫 시작은 혼자였지만 현재는 부동산 취득 과정 전반에 걸친 관련 업계 분들, 제 커뮤니티 성장을 위해 열정을 다해 도와주시는 분들과 함께 협업하고 있어 요즘 정말 바쁜 하루하루를 보내고 있습니다. 최근에는 온라인을 넘어 오프라인으로도 더 많은 분과 소통하고 싶어 제 사무실도 오픈하게 되어 더욱 감회가 새롭네요. 처음 유튜브를 촬영할 때만 해도 제 사무실까지 차리게 될 것이라고는 생각도 못 했거든요.

이렇게까지 도약할 수 있었던 것은 '함께'였기에 가능했습니다. 보통 사람들이 누구나 알고 있는 대규모 부동산 커뮤니티는 전국을 기반으로 하는 경우가 많습니다. 하지만 제가 운영하고 있는 커뮤니티는 영남권역을 기반으로 하기 때문에 수강생분들과 '함께' 임장도 가고, 지역 기반의 부동산중개업소, 은행, 소상공인분들도 '함께' 성장을 도모하기 때문에 단기간에 많은 성과를 낼 수 있었다고 생각합니다.

❓ 첫 투자 종잣돈은 얼마였나요?

🅐 제 첫 투자 종잣돈은 1억 2,000만 원입니다. 현금 2,000만 원은 직장 근로소득 저축액와 주식 투자로 모아뒀던 것이고, 1억 원

은 신용대출 직장인 우대로 한도가 깎이기 전에 실행해둔 것이었습니다. 확실히 주변을 봐도 직장인의 가장 큰 장점은 '신용대출'인 것 같습니다. 제 경험으로 미루어봤을 때, 특히 '신용대출'은 본인이 은행에 발품이나 금융 관련 앱을 통해 얼마나 알아봤느냐에 따라 한도가 굉장히 달라요. 저는 당시 1억 원을 받을 수 있었지만, 제 동료는 같은 연봉과 신용점수도 비슷했는데 저와는 다른 은행에서 받아 한도가 굉장히 낮게 책정됐더라고요. 요즘 신용대출 이자가 부담스럽긴 하지만, 혹시 자금 마련을 위해 신용대출을 활용하셔야 한다면 되도록 많은 은행에서 알아보는 것을 추천합니다.

❔ 실전주식대회에서 1등을 할 정도면 주식 투자에 재능이 있음은 분명한데, 그럼에도 부동산 투자로 전향한 이유가 궁금하네요.

시장 상황에 따라 제 기분이 좌지우지되는 게 싫었어요.

Ⓐ 저는 공대생인데요. 투자 초기에 50만 원을 3,000만 원까지 만들어봤어요. 그래서 자신 있게 기술적 분석부터 파생상품까지 손을 대봤지만, 변동성이 크다 보니 큰돈을 모으기엔 어렵겠다는 현실적인 판단이 들었습니다. 예를 들면, 시세가 올랐다 하더라도 금융 자산은 현금화가 쉽기 때문에 상승한 자산을 바로 현금화해서 저에게 보상을 주려는 심리가 강했어요. '주식 올랐으니 내가 한턱

냈게' 하는 식으로 말이죠. 그런데 또 어느 날은 분명 더 상승해야 맞는 것 같은데, 갑자기 급락해서 계좌가 바로 쪼그라들기도 했어요. 이성적으로는 버티면 다시 상승한다는 믿음이 있다 하더라도 이에 대한 스트레스를 감내하는 것 자체가 굉장히 힘들었습니다.

지금 같으면 당연히 어느 정도 시드가 모였을 때 부동산에 자산을 배치해야 한다고 바로 판단하겠지만, 당시에 제 머릿속엔 부동산은 아예 없었어요. 그러던 어느 날 회사에서 선배의 차가 포르쉐 파나메라라는 것을 알게 됐어요. 굉장히 고가의 차량인데요. 도저히 월급으로는 구매가 불가능하다고 알고 있었는데, 대체 저 선배는 어떻게 돈을 벌었을까 너무 궁금했어요. 그래서 무작정 찾아가 한 달은 매달렸습니다.

알고 보니 선배는 아파트 분양권 투자로 돈을 굉장히 많이 벌었더군요. 선배의 방식은 미분양 아파트를 주로 매수하고 대출을 일으켜 잔금 납부 시 세입자를 구해 잔금을 치르는 형식이었습니다. 내가 들이는 돈은 계약금뿐이고, 세입자의 임차 보증금을 활용하여 집을 살 수 있다는 것이 저에게는 정말 충격적이었어요. 그래서 그때, 그 원리를 깨닫고 기회를 노릴 수 있는 아파트 분양권이 있어 바로 매수할 수 있었습니다. 저 역시 선배가 알려준 동일한 방법으로 잔금은 임차인의 보증금으로 해결할 수 있었죠.

역시 말로만 듣던 것과 직접 제가 해보는 것은 와닿는 것이 달랐어요. 이 경험을 통해 저는 레버리지(Leverage)*의 힘을 절실히 깨달았어요. 주식과 코인은 단기 변동성이 심해서 그날의 시세 향방이 제 기분에 영향을 주는 것이 싫었는데, 부동산은 한 번 방향이 정해지면 어느 정도 예측이 가능하다는 점이 저에게 더 매력적으로 다가왔습니다.

보통 재테크를 시작한다고 할 때 주식 투자가 더 접근성이 낮은 이유는 소액으로도 투자할 수 있고 환금성**의 이유가 클 텐데요. 그래도 제 생각엔 투자하며 받는 스트레스는 주식보다 부동산이 월등히 적다고 생각해요. 물론 부동산 또한 요즘 같은 하락시장엔 스트레스 수치가 높을 수밖에 없겠지만, 처음부터 안정적인 레버리지 비율을 유지했다면 크게 흔들리지 않을 수 있거든요. 또한, 주식과 코인의 하락은 어디까지인지 알 수가 없어요. 하지만 부동산은 '전세가'라는 하방이 받쳐주고 있어서 예측이 가능한 부분이 있다고 생각해서요. 제가 두 분야를 모두 깊게 공부하고 투자해본 사람으로서 부동산 투자가 정말 마음 편히 투자할 수 있는 자산군이라고 확신합니다.

* 타인의 자본을 이용하여 자기 자본의 이익률을 높이는 투자 방식.
** 투자를 통해 획득한 자산을 후에 처분할 수 있고, 처분해서 원금을 합리적으로 회수할 수 있는 것.

특히 공부량과 자산 규모, 대출을 일으킬 수 있는 정도에 따라 선택지도 다양화할 수 있어 부동산은 정말 돈이 없는 사람부터 돈이 많은 사람까지 누구나 쉽게 접근할 수 있는 좋은 실물자산이라고 생각합니다.

Q 초보자는 어떤 방법으로 부동산 공부하는 게 좋을까요?

A 일단 큰 틀에서는 경제에 관심 갖는 것이 우선이라고 생각합니다. 부동산 공부라는 것은 끝이 없는데, 끝없는 공부를 계속하기 위해서는 관심을 통해 재미를 붙여야 한다고 보기 때문이에요. 초보자분들이 오해하는 부분이 있는데, 경제 지식이 많은 것과 부동산으로 돈을 버는 것은 별개의 부분입니다. 자산 가격은 시장의 영향을 받는 거라 지식적인 면보다는 내가 적당한 가격에 매수하고 시장의 흐름이 올 때까지 기다리는 영역으로 봐야 합니다.

경제에 지속적인 관심을 두는 첫 번째 단계는 '신문 읽기'인데요. 개인적으로 <한국경제> 종이 신문 구독을 추천합니다. 모바일 신문은 중요도가 아닌 광고에 따라 지면이 보여지는 것이라 자칫 초보자분들이 중요한 기사는 놓치고 광고가 심어진 비슷한 류의 기사만 볼 수도 있어요. 그렇기에 종이 신문을 매일 30분씩 정해놓고 읽는 것을 추천하고, 이게 루틴이 되면 어떤 사건이 경제에 미치는 영향을 이해할 수 있게 됩니다.

두 번째로는 자본주의 마인드와 부동산 투자와 관련된 '책 읽기'입니다. 시중에 부동산 책이 많은데, 처음에는 세부 종목에 관한 책보다는 부동산 투자 전반이나 아파트에 관한 책을 먼저 보시는 걸 추천해요. 부동산 투자에는 아파트뿐만 아니라 토지, 상가, 오피스텔 등 정말 많은 투자가 있지만 처음부터 다양한 것을 보면 오히려 헷갈릴 수 있어요. 또한, 현실적으로 아파트 투자 외 나머지 투자 대상들은 아직까진 정보의 비대칭성이 커서 초보자가 입문하기엔 제대로 된 정보를 얻기 어렵거든요. 실제 투자까지 리스크가 크기도 하고요. 하지만 아파트는 꼭 투자의 관점에서 임대수익을 노리는 게 아니더라도, 주거 측면에서는 필수재라 내가 직접 살아도 손해는 없으니 처음엔 아파트 투자부터 정확히 익히셨으면 합니다. 그리고 이게 숙달되고 어느 정도 투자 자본이 확보되면 그 후에 다른 투자 종목들의 책을 고루 보면서 본인에게 맞는 부동산 투자를 찾아봐도 늦지 않을 겁니다.

세 번째로는 제가 했던 방법인데요. 관심 있는 지역이 있다면 부동산 앱 '호갱노노' 분위지도*를 활용해 한 지역에서 비싼 아파트들이 어디에 몰려있는지를 직접 확인해보며 입지 순서를 익히

---

* 어느 지역에 어떤 아파트 가격이 높고 낮은지를 4단계로 분류해놓은 것으로, 대략 1급지, 2급지, 3급지로 분류한 것을 앱 내 지역 지도에서 바로 확인할 수 있다.

는 것입니다. 그리고서 네이버 부동산을 통해 세부적으로 실거래가와 호가는 어떻게 분포돼있는지 주기적으로 확인하는 것입니다. 결국 부동산 투자를 위한 공부는 우리가 어떤 이론을 습득한다는 개념이 아니라 투자를 위해 하는 것이기 때문에 이 적정 가격을 알고, 우리는 이 적정 가격보다 저렴하게 매수하는 것에 초점을 두어야 합니다.

그리고 마지막으로 조언하고 싶은 것은 모든 거래에서 '완벽한 매매는 없다'는 것을 인지하셨으면 좋겠습니다. 개인적으로 경험상 경제 지식은 많지만 자산은 구축하지 못한 경우 바로 이 '완벽함'에 대한 추구 때문이라고 생각합니다. 완벽해야 한다는 것에서 조금은 내려놓고, 적정 가격보다 저렴하게 사는 것에 집중하면서 하나씩 경험을 쌓는 것이 중요하다고 봅니다. 그 경험으로 내 집 하나만 갈아타기 잘해도, 많은 스트레스 없이 충분히 우리 가족을 위한 자산을 만들 수 있습니다.

부동산 공부가 처음엔 지루할 수 있지만, 여러분도 이 루틴을 지속한다면 큰 힘 들이지 않고도 충분히 자산을 늘릴 수 있습니다. 당장 어려워 보인다고 포기하지 마시고 꼭 경제에 관심 갖기부터 시도해보시길 바랍니다.

ⓠ 포트폴리오는 어떻게 구성하고 있나요?

ⓐ 부동산 90%, 달러 및 현금, 유동자산에 10%가 있습니다. 거의 부동산에 있다고 보시면 될 것 같고, 세부적으로는 분양권, 아파트를 보유하고 있습니다. 개인적으로 다주택자의 경우, 현재는 DSR 등 대출 규제로 분양권이나 아파트를 신규로 취득하는 것은 좀 부담이 있다고 봅니다. 그래서 추후 상승장을 대비하여 사업에 집중하고 있습니다. 지금은 사업 규모를 키우는 것이 더 제 라이프 사이클에 맞기도 해서요. 부동산은 '대출'이라는 레버리지의 힘이 강점이지만, 결국 이 레버리지를 감당하기 위해서는 현금흐름도 굉장히 중요하다는 판단이 들었거든요. 부자가 되기 위해서는 사업과 부동산은 함께 가야 하는 영역이라고 생각합니다.

ⓠ 총자산과 투자 물건은 어느 정도 되나요?

ⓐ 아파트 4개, 분양권 1개로 요즘 부동산 시장의 조정 국면으로, 상승분이 좀 줄어들고 있어 총자산은 20억 원 정도 됩니다. 저의 투자 전략은 돈이 없는 초반에는 계약금만 준비되면 분양권을 취득하고, 시간을 태워서 신축 아파트가 될 때까지 시세 상승을 기다립니다. 1~3년 정도 시간이 흘러 분양권이 신축 아파트가 되면 높아진 감정가로 주택담보대출을 실행하고 후순위 월세로 세팅합니

다. 레버리지는 커지고 투자금은 줄어드는 마법입니다. 요즘은 시장 분위기가 좋진 않지만, 저는 언제나 싸게 사는 것이 중요하다고 생각하는데요. 제가 보유한 물건들은 모두 원분양가 수준으로 취득했기 때문에 매도 계획은 없습니다.

◉ 리스크를 어떤 식으로 관리하고 있나요?

◉ 이상적인 레버리지는 30% 이하라고 생각합니다. 이상적인 전세가율*은 LTV와 같다고 생각하기 때문입니다. 그래서 비규제지역 기준 60~70%의 부채 비중을 가지고 있으면 잘 관리하고 있다고 판단합니다. 이미 하락기에 금리 인상기여서 최근 주택담보대출과 전세를 맞바꾸기도 하고, 사업을 통해 벌어들인 현금을 투입하는 전통적인 방식을 활용하고 있습니다.

가끔 수강생분들이나 내 집 마련 1:1 코칭을 할 때, 대출을 어느 정도 받아야 하는지 고민하시는 분들이 많으신데요. 항상 제가 앞서 말씀드린 내용처럼 말씀드리고 있어요. 비규제지역 60~70% 정도의 부채 비중이면 본인이 이자만 감당 가능하다면, 괜찮다고 말씀드리는 편이에요. 본인의 월 소득에 따라 다른 부분이 있어서 늘 월 소득에서 본인이 이자 감당이 어느 정도 감당이 가능한지를

* 매매가격에서 전셋값이 차지하는 비율.

잘 따져보시는 것을 권하고 싶습니다.

ⓠ 투자, 소비, 저축을 전체 100이라고 두었을 때, 본인의 비중은 어떻게 분배되어 있나요?

ⓐ '소비 30, 투자 60, 저축 10'으로, '투자>소비>저축' 순이 되겠네요. 사실 전 일반적으로 알고 있는 저축의 형태가 아니라 소비하고 투자하고 남은 돈을 자유입출금 통장에 넣어두는 것을 저축성으로 생각하고 있어요. 즉, 저축은 대출을 상환하는 용도로 생각하고 있습니다.

또한, 한 가지 추천하자면 본인마다 다 성향이 다르겠지만 소액을 다양한 CMA통장에 분류하거나 주식 일부, 코인 일부 등의 방법으로 사회초년생들이 주로 재테크를 많이 하는데요. 그런 방법 보다는 이상적인 레버리지 수준의 대출을 일으켜 내 집 마련을 한 후 이에 대한 이자를 갚아나가는 방식이 가장 마음 편한 재테크의 방법이라고 봅니다.

특히 제가 주식과 코인 투자에 대해서 깊이 공부하고 투자했던 경험이 있는 부동산 투자자라, 부동산이 다른 투자에 비해 안정적으로 구축할 수 있는 자산이라는 제 조언이 일반인들에게 더 설득력 있게 들리지 않을까 하는 생각이 드네요.

🔍 이 세 영역 중 무엇이 가장 중요하다고 생각하나요?

투자가 잘 되면 소비욕이 자연스레 줄어듭니다.

🅐 '아껴서 투자해야지'라는 생각은 실현되기 불가능하다고 봅니다. 역으로 투자를 우선으로 한다면 아마 저절로 아끼게 될 겁니다. 소비는 멈출 수 없지만, 투자는 멈추지 않아도 된다고 생각합니다. 하지만 투자가 잘 되려면 당연히 그만큼 공부를 많이 해야만 합니다. 시장이 하락하는 시기에는 입지가 좋은 곳과 떨어지는 곳의 가격 차이가 크지 않은 매물이 나오는 경우가 있으므로 이런 때가 더욱더 공부하기 좋은 시기입니다. 그런 단지들을 잘 기록해두었다가 나중에 상승장에 그것들의 가격 차이가 어떻게 벌어지는지 확인해보시길 추천합니다.

부동산 공부의 기초는 아무래도 '입지'에 대한 기본적 이해가 있어야 합니다. 입지에 영향을 미치는 교통, 학군, 일자리, 환경 등이 어느 곳에 밀집돼있는지 살펴보고, 이에 따라 주변 아파트 가격이 어떻게 형성돼있는지 확인해보세요. 처음부터 '투자'라고 생각하기보다 '실거주'를 목적으로 했을 때 동일한 가격이라면 어떤 매물을 사야 할지를 스스로 끊임없이 질문해보는 것이 실생활에서의 부동산 공부 출발점이라고 생각합니다.

ⓠ 슬럼프에 빠졌을 때 자신만의 극복 방법이 있나요?

'쉬어야 할 때인지, 달려야 할 때인지'
본인의 때가 언제인지를 파악하라.

ⓐ 저는 작은 슬럼프에는 시외로 드라이브를 즐깁니다. 바다 보는 것도 좋아하고, 바람에 나무가 흔들리는 것도 좋습니다. 큰 슬럼프에는 하던 걸 멈추고 더 멀리 여행을 떠납니다. 3일 이상 쉬고 나면 조금 나아집니다. 하지만 이제는 팀원들이 있어 멈출 수 없습니다. 슬럼프가 왔는지 안 왔는지도 모른 채 계속해서 가속 페달을 밟고 있습니다.

인생에서는 3번의 기회가 온다고 생각하는데, 저는 지금이 제 인생의 기회라고 생각하기 때문에 열심히 달리고 있습니다. 어떻게 보면 개인의 기분도 중요하지만, 현재 스스로가 어떤 상황에 놓여있는지를 객관적으로 파악하고 명료하게 아는 것이 더 중요한 것 같아요. 사람에 따라 지금이 잠시 쉬어야 할 타이밍일 수도, 가야 할 타이밍일 수도 있으니까요.

얼마 전 제가 거주하고 있는 지역에서 큰 홀을 대관해 강의를 했는데요. 제 유튜브 채널을 보고, 다른 지역에서도 많은 분이 와주셨더라고요. 연령층도 정말 다양했고요. 저를 알아봐 주시고, 제가 전한 지식으로 큰 결정을 하려는 분들이 많아졌다는 것을 몸소 느낄 수 있었습니다. 더불어 '저의 때'는 지금이고, 그래서 더 열심히 해야겠다고 스스로 사기를 북돋는 계기가 되었습니다.

ⓠ 종잣돈 5,000만 원인 사람들에게 추천할 만한 투자에는 어떤 것이 있을까요?

중도금 무이자 분양권을 노려봐라.

ⓐ 입지 공부를 통한 '중도금 무이자 선착순 분양권' 투자를 추천하고 싶습니다. 미분양이 많은 지역은 현재 중도금 무이자 프로모션도 있고, 계약금도 총 매가의 10%가 아닌 1,000만 원인 곳 등 취득하는 사람에게 혜택이 있는 경우가 많습니다. 하지만 혜택이 많은 곳일수록 실거주자보다 투자자 유입이 많은 단지가 있을 수 있으니 조건이 좋다고 무작정 계약하는 것은 금물입니다. 반드시 해당 아파트의 입주 시기에 주변 아파트 입주는 어떠한지와 정말 입지가 실거주하기 괜찮은 곳인지도 꼼꼼히 따져봐야 합니다.

그렇게 따져본 후에도 현재 가격이 명확히 싸다는 판단이 들면 그곳들에 부동산 카페나 블로그 활동 및 부동산 임장을 진행해 더욱 눈여겨보세요. 준공 이후 전세가가 받쳐주지 않아 전세 세팅이 어렵다면 주택담보대출 후, 후순위 월세 세팅도 고려해볼 수 있습니다.

Q 만약 5,000만 원도 현재 없는 사람에게 첫 투자의 종잣돈 마련 방법을 제안한다면 어떤 게 있을까요? 저축일까요, 대출일까요?

직장인이라면 신용대출부터 알아봐라.

A 제 생각엔 신용대출입니다. 하지만 요즘은 'LTV+DSR'* 세상입니다. DSR을 고려하지 않을 수 없습니다. 등기 시점에 주택담보대출로 전환하면서 신용대출을 일부 또는 전액 상환해야 할 수도 있습니다. 이걸 대응할 수 있으면 신용대출로 투자하는 것을 권하고 싶습니다.

저는 한때 코인 투자로 돈을 벌어본 사람임에도 신용대출을

---

* 주택담보 인정비율(LTV, Loan To Value ratio)은 주택담보가치 대비 대출이 가능한 금액으로, 집값 대비 대출을 얼마만큼 받을 수 있는지에 대한 선을 말한다. 총부채원리금상환비율(DSR, Debt Service Ratio)은 총체적 상환능력 비율을 의미하며, 본인이 가지고 있는 모든 빚을 기준으로 빌릴 수 있는 돈의 상한선을 정하는 것이다.

기반으로 한 주식, 코인 투자는 반대합니다. 주식과 코인이 그렇게 하고 싶으면 모의투자 딱 3개월만 해보고 결정했으면 좋겠습니다. 70%의 사람은 돈을 잃습니다. 20%는 본전이고, 10%만 법니다. 70%는 절대 적지 않은 숫자이기 때문에 대부분은 돈을 잃을 확률이 매우 높다는 겁니다. 차라리 그럴 시간에 도파민과 에너지를 아껴서 소득을 키우거나 부동산 공부를 하는 쪽을 추천하고 싶습니다. 주변을 보더라도 주식이나 코인 투자를 통해 부자가 된 경우는 정말 드뭅니다. 이왕이면 성공 확률이 높은 곳에 배팅하는 것이 안전하게 자산을 불리는 길이라고 봅니다.

Q 보통 젊었을 때는 부동산 투자로 규모를 키운 후 사업으로 확장하는 경우가 많은데, 부동산 투자를 시작한 지 얼마 안 되었음에도 바로 사업에 뛰어든 이유가 있나요?

한 살이라도 젊을 때,
우선 소득을 늘릴 방법을 적극적으로 모색하라.

A 보통 저희 선배님들 같은 경우는 그 방식으로 자산을 키우고, 나중에 현금흐름을 만들었던 것 같습니다. 하지만 제가 부동산 시장에 참여 후 얼마 지나지 않아 대출 규제가 생기면서 예전 방식은 통하기 어렵겠다고 판단했습니다. 물론 대출 레버리지도 알아보

기에 따라 다양한 방법들이 있겠지만, 대출 이자 상환이 가능하기 위해서는 어쨌건 간에 월 현금흐름이 많아야 한다고 생각합니다.

제 상황에서 유리한 게임은 무리한 대출을 일으키는 것보다는 한 살이라도 젊었을 때 사업을 키워 월 현금흐름을 키우는 것이 맞다고 판단했습니다. 그래서 무자본으로도 창업이 가능한 지식창업을 생각했고, 지식창업의 효과를 극대화하기 위해서는 어느 정도 수가 모여야 해서 유튜브 채널부터 시작하게 되었습니다. 유튜브를 하다 보니 자연스럽게 제 채널에 공감하고 응원해주는 스텝들을 만나 커뮤니티까지 만들게 되며, 현재는 이 커뮤니티를 기반으로 저를 포함한 각 스텝들의 역량에 맞춰 부동산 강의와 다양한 스터디도 함께 운영하고 있는 중입니다.

ⓠ 그럼 운영하고 계시는 커뮤니티 소개도 부탁드립니다.

영남권역 내 집 마련에 모든 것이 담긴 커뮤니티!

ⓐ 현재 속해있는 분들이 아직은 직장인 신분을 유지 중이라 구성원들을 구체적으로 오픈하지 못해 아쉽네요. 대구 경북 지역 전체 청약 분석과 실수요자분들이 내 집 마련할 때 필요한 모든 제반 사항을 통합적으로 관리, 운영하는 커뮤니티라고 보시면 됩니다.

유튜브는 1년 반 만에 2만 명이 좀 넘었고요. 지금 카페도 1천 명 넘는 회원들이 활발히 활동하고 있습니다. 저의 매일 경제 뉴스 브리핑, 대구 경북 지역 전체 청약 브리핑, 드론 촬영을 통한 현장 이야기, 임장을 포함한 내 집 마련 수업 정규 과정, 스스로 분석을 할 수 있는 스터디 방 운영, 거래 시 필요한 중개 및 대출, 세금 등 제 커뮤니티에는 내 집 마련에 필요한 모든 프로세스가 녹아있습니다.

앞서 제 소개에서 언급한 것처럼, 이제는 제 사무실도 오픈하게 되면서 오프라인 만남을 포함해 더욱 다양한 활동을 계획하고 있습니다. 지금은 자산 시장이 하락하고 있어 구독자분들이나 수강생분들도 의지가 예전보다 많이 약해졌음이 느껴지는데요. 그래도 개인적으로는 이런 시기에 탄탄히 공부해놓는다면, 분명 좋은 결실을 볼 수 있을 거라고 믿습니다.

Q 요즘 잘 운영되는 크고 작은 '부동산 커뮤니티'들은 보통 '투자' 관련인 경우가 많은데, '내 집 마련 도우미'라는 타이틀이 신선하게 느껴지네요. 그렇게 정한 이유가 있나요?

그 누구나 현실적으로
전국구 투자를 하기엔 불가능하다고 생각합니다.

Ⓐ 저는 우선 투자와 실거주를 구분할 수 없다는 입장입니다. '내 집 마련이 아닌 월세 살며 투자하러 다닌다?' 이건 결코 쉽지 않은 일이라고 생각했어요. 그리고 첫 내 집 마련을 신혼 때 장만하는 경우들이 꽤 있잖아요? 저 또한 결혼을 일찍 해서 신혼부부들이 겪을 처음 집을 매수할 때 드는 막연한 두려움과 집을 고를 때의 기준, 대출을 얼마나 받을지에 대한 고민, 세금 걱정 등을 이미 경험해본 바 있습니다. 부동산 초보인 신혼부부라는 실수요자가 어떤 상황에 직면하게 될지 잘 알고 있었어요.

투자자들은 사실 알아서 본인이 부동산 매수를 위한 원하는 정보를 선택하고 투자를 해나가는 게 맞아요. 하지만 부동산 투자에는 지속적으로 관심을 쏟을 계획은 없지만 내 집 마련은 꼭 해야 하는 실수요자들도 분명 있거든요. 그 당시 이러한 니즈를 충족할 수 있는 커뮤니티는 굉장히 부족한 상태라고 판단했었어요.

그리고 소액 투자나 법인을 통한 단기 투자*를 통해 유동성장**에 대응하는 것은 일반인이 절대 쉽게 접근할 수 있는 영역이 아니라고 생각했습니다. 부동산에 관해 1도 관심 없는 사람이 갑자기 유동성 전국장을 쫓아다닐 수 있을까요? 심리적 장벽이 높아 불

* 부동산을 1년 이내로 단기 보유 후 매도할 경우에는, 개인보다 법인이 세율이 낮기 때문에 전문 투자자들이 주로 하는 부동산 투자 방법의 하나다.

** 시중에 통화량이 많아 차례대로 모든 자산이 상승하는 투자 시장을 일컫는다.

가능에 가깝고, 운이 좋아서 수익을 내면 다행이겠지만 그렇지 않은 경우가 더 많거든요. 더불어 투자는 개인 판단이자 개인 책임인데, 늘 사람과 사람 사이 '돈'이 얽히면 관계까지도 틀어지는 경우가 많더라고요. 수익이 나면 내가 잘한 덕, 손해 보면 추천한 네 탓이 되어 원수로 전락하는 그런 관계요. 부동산 투자를 생각하고 있는 분들이 이런 불편한 상황들을 맞닥뜨리지 않았으면 하는 마음도 사업을 시작하게 된 이유 중 하나입니다.

아직 젊은 나이이긴 하지만 투자를 일찍, 단 한 번도 쉬지 않고 공부하며 해왔기에 많은 분들을 만날 수가 있었죠. 저는 부동산 투자는 내 집 마련 이후에 준비해도 충분하다고 생각합니다. 투자를 한다는 건 인생을 여유롭고 풍족하게 살기 위함일 텐데, 정주권*이 흔들리는 상황에서 얻게 되는 부(富)를 진정한 부라고 할 수 있는가에 대한 고민을 많이 했습니다.

저는 많은 사람과 선의 관계를 맺기 위해서는 부동산이라는 재화를 통해 '투자'로 얽힌 관계보다는, 제가 사는 이 지역을 기반으로 그들의 '찐 수요를 해결해주는 역할'을 하는 것이 더 제가 원하는 방향이라는 데 확신합니다. 그래서 앞으로도 많은 실수요자에게 진짜 도움이 될 수 있는 더 유익한 콘텐츠를 만들려고 노력할 것입니다.

* 일정한 곳에 자리를 잡고 살 수 있는 권리.

🔍 운영하고 계신 채널의 성장 과정은 어땠나요?

블로그, 유튜브, 오픈채팅방, 카페, 결국, 다 해야 하더라고요.

🅰 일단 제 커뮤니티의 확장성 순서는 '블로그→유튜브→카톡방→카페'입니다. 첫 블로그를 통해 매일 청약 분석이나 저만의 부동산 인사이트 글을 올려왔어요. 그러던 어느 날, 영상을 통해 많은 것들을 나누는 게 어떨까 하는 생각이 문득 들더라고요. 저는 종종 영상 편집을 해왔기에 익숙하다는 장점을 활용해 유튜브를 하게 시작했습니다. 유튜브를 하면서 구독자분들의 질문을 댓글로만 답변하는 것에 한계를 느꼈고, 카톡방까지 운영하게 되었지만, 카톡방은 아무래도 중요한 자료들을 오래 보관할 수 없었기에 아깝단 생각이 들어 카페 개설을 통해 자료들을 모아놓기로 했어요. 회원분들이 카페에서 본인들에게 필요한 자료들을 유용하게 활용할 수 있도록 하고, 또 그 안에서 다양한 요청들로 정규 과정 수업까지 오픈하게 되었습니다.

🔍 와, 많은 플랫폼을 활용하고 있네요. 처음부터 어느 정도 커뮤니티 확장 계획이 있었던 건가요?

필요에 의해 하나씩 만들어라.

Ⓐ 아닙니다. 요즘엔 정말 다양한 방법들로 커뮤니티를 꾸려가시는 분들이 많아요. 그렇기에 전 꼭 순서나 어떤 채널이 좋다고 단정 짓는 것은 의미가 없다고 생각합니다. 저 또한 처음부터 지금의 순서로 해야 한다고 계획한 게 아니었고, 그때그때 한 채널이 커오면서 더 나은 해결책을 모색하다 보니 확장된 거거든요.

대신 잊지 말아야 할 것은, 플랫폼을 구성하는 데 있어 어떤 기술적인 것보다 정말 '꾸준함'이 제일 중요하다는 것입니다. 뭐든 결실을 보기 위해서는 성과가 나타날 때까지, 남들이 알아보지 않더라고 정말 꾸준하게 계속해나가는 것이 제일 중요하다고 생각해요.

Ⓠ **다양한 창업 시도 과정을 거쳐왔다고 알고 있습니다. 그에 관한 이야기도 들을 수 있을까요?**

결국, 수를 얼마나 모으느냐가 핵심이다.

Ⓐ 우선 세부적인 과정에 대해 말하기에 앞서 제가 시도했었던 창업 과정을 돌이켜보면, 모든 사업에서 중요한 것은 '수'를 모으는 작업이었습니다. 파이가 큰 시장과도 일맥상통한다 할 수 있는데, 지금 생각해보면 이 점을 깨달았던 처음 순간은 대학생 시절 교양

수업 때 친구들의 제본을 도맡아 했던 일에서였습니다. 동기들의 대학교 교양 교재를 대신 제본해줘서 대학교 때 별명이 '제본이'였는데요. 50명씩 제본해주고 5% 받으면 돈이 꽤 되더라고요.

처음부터 돈을 생각하고 한 게 아니라 단지 '따로따로 하면 불편하고 돈도 많이 드는데, 차라리 많이 모아서 내가 한 번에 해주면 어떨까?' 하는 단순한 생각에서 비롯된 일이었거든요. 그땐 몰랐는데 사람이 모이면 힘이 된다는 사실을 그 일로 빠르게 경험했습니다. 그 후로 사업에 대한 지속적인 관심을 이어왔고, 취업을 준비하면서도 늘 이력서를 냄과 동시에 다양한 사업 아이템을 탐색하고 구상하는 등 이런저런 다양한 시도들을 해왔습니다.

저의 첫 번째 사업 시도는 '주식 차트 분석법 강의'를 카톡방 운영을 통해 판매했던 거예요. 물론 이 강의의 시작 자체가 창업을 염두에 둔 것은 아닙니다. 2017년 하반기 주식을 본격적으로 시작했었는데, 그때 제가 주식 관련 거대 커뮤니티에서 매일 시황에 대해 분석하는 글을 올렸었어요. 매일 하다 보니 거의 1년 정도 됐을 때 그 커뮤니티에서 나름 사람들에게 명성을 얻게 되면서 당시 해당 카페 관리자로부터 카페 네임드로 성장시켜주겠다는 제안을 받게 됐어요. 당시 저는 스스로 뭔가를 개척해보겠다는 생각이 들어 카페에서 알게 된 다른 투자자분들과 함께 해당 카페를 나가 새로운 카페를 개설하고, 일반인이 스스로 주식 차트를 분석할 수 있는 강의를 판매했습니다. 그렇게 몇 개월 강의 판매를 하면서 인당 월 1,000만 원의 수입을 올릴 수 있었어요. 하지만 역시 동업은 어렵더라고요. 결국, 각자가 생각하는 사업에 대한 기여도, 잦은 의견 불일치로 뿔뿔이 흩어지게 되었습니다.

주식 차트 분석 강의 판매를 하면서 저는 다른 창업도 계속해서 알아봤어요. 중국어를 잘하는 제 친동생과 함께 중국어 어학원 창업을 위해 알아봤지만 중국어 시장이 우리나라에선 파이가 크지 않았고, 또 묘목 판매는 이미 독과점 구조이기 때문에 제가 할 수 없는 영역이라 판단되었습니다. 취업 컨설턴트와 동기부여 채널을 취업 카페를 통해 사람들을 모아 단톡방 운영을 하면서 운영해왔지만, 참여자들의 지속성을 끌어내는 것이 정말 힘들더군요.

대학교 때 제가 처음 깨달았던 바처럼 사업하기 위해서는 내가 파이를 얼마나 갖고 있느냐가 핵심인데, 제가 했던 시도들은 파이 선점이 어렵다고 판단되어 모두 중간에 그만둘 수밖에 없었습니다. 하지만 '부동산'과 관련해서는 수요에 비해 공급이 부족하고, 공급이 부족하다 보니 채널의 다양성보다는 소수 채널에 수요자들이 집중돼있더라고요. 그래서 앞서 말씀드린 것처럼, 사업의 핵심인 '수를 모으는 일'에 부동산 그리고 좀 더 세부적으로 투자자가 아닌 '실수요자'가 중심인 수요를 대상으로 한 서비스를 런칭하게 됐습니다.

사업에 관심이 있다면 꼭 본인이 좋아하는 일을 찾으려고 하는 것보다 수요가 많고, 공급이 부족한 시장을 노리면서 본인이 지속할 수 있는 분야를 선점하는 것이 중요하다고 생각합니다.

ⓠ 직장생활과 사업을 동시에 하기 위한 본인만의 루틴이 있나요?

절대 타협하지 않는 본인만의 루틴은 필수다. SNS를 멀리해라.

ⓐ 저는 23시 취침, 오전 5시 기상. 이건 절대 포기 못 합니다. 2020년 3월부터 만든 루틴이니, 2년 3개월째네요. 출근 전 3시간을 제 사업에 넣습니다. 퇴근하고 1~2시간 더 하는 날도 있어요. 주말은 못 해도 20시간 채우려고 합니다. 그럼 주 80시간이 기본으로 세팅됩니다. 기본이 80시간이고 거의 주 100시간은 일하고 있습니다. 그리고 죽도록 몰입합니다. 카톡 알람 꺼놓고 살고 블로그 외 SNS는 안 합니다. 남 인생 쳐다보는 게 제 인생에 아무런 도움이 안 되더군요. 법정 근로시간은 주 52시간이지만 12시간 빼면 40시간이죠. 기본 80시간 일하고 있으니 두 개의 사업체를 굴릴 수 있는 시간을 확보한 셈입니다. 사업과 부동산이 함께 돼야 부자가 될 수 있더라고요.

제가 조언하고 싶은 내용은 SNS는 잘 활용하면 정말 좋지만,

본인에게 집중해도 부족한데, 생각보다 많은 시간을 뺏기고 감정소모도 하게 되더라고요. 직장생활과 사업을 동시에 유지하려면 일단 시간을 굉장히 밀도 있게 사용해야 합니다. 습관적으로 소비하던 SNS 활동을 멈추고 본인이 할 일에만 집중하더라도 시간도 효과적으로 보낼 수 있고, 불필요한 감정 소모도 줄일 수 있다고 봅니다.

그래서 저는 부동산 투자에 뛰어들고자 하는 분들이 SNS는 의도적으로 멀리하는 습관을 들이고, 본인이 해야 하는 일부터 집중해보셨으면 합니다. 분명 훨씬 시간을 효율적으로 보낼 수 있을 거예요.

ⓠ 마지막으로, 요즘 들어 퍼스널 브랜딩을 추구하고 자기만의 비즈니스를 만들고 싶어하는 사람들이 많아지는 것 같아요. 그분들께 도움이 될 만한 조언 한마디 부탁합니다.

얼마나 꾸준할 수 있느냐가 핵심이다.

ⓐ 가수 싸이님의 노래 〈9intro〉 가사를 보면, '롱런의 비결을 내게 물어보신다면, 딱 하나, 존나 버텨 임마'라는 구절이 있습니다. 이 구절에 깊이 공감해요. 맞는 전략을 선택했다면 사람들이 날 알아

줄 때까지 진짜 끈질기게 버티세요. 고통 없이 돈 버는 거 불가능하다고 생각합니다. 꾸준히 피나도록 공부하고, 꾸준히 부동산에 관심을 기울이고 매매하면 언젠가 됩니다. 결국, 꾸준함이 승리한다는 말씀을 드리고 싶습니다.

저는 대학생 시절부터 현재까지 많은 활동을 통해 정말 많은 사람을 만나왔는데요. 한 600명이 넘는 사람들을 만나온 것 같아요. 그 사람들을 만나오면서 느꼈던 점은 바로 꾸준함을 실천하는 사람이 생각보다 정말 없다는 것이었습니다. 그때 제가 얻은 깨달음은, 그 무엇이든 꾸준히만 하더라도 불가능한 일은 없다는 것입니다. 저는 개인적으로 노력이 재능을 이긴다고 생각하는데요. 아무리 재능이 뛰어나다고 해도 꾸준함이 없다면 그 재능은 빛을 발할 수 없어요.

많은 사람들이 자신이 좋아하는 일과 잘하는 일 중에 어떤 선택을 해야 할지 고민한다고 하는데, 제 생각엔 좋아하는 것과 잘하는 일을 고민하는 것보다 가장 중요한 것은 내가 잘하고, 꾸준히할 수 있는 일이 무엇인지부터 찾아보는 것이라고 생각합니다. 잘하는 일이라면, 좋아하지 않았다 하더라도 꾸준히 하면 성과가 나게 돼있고, 그로 인해 그 일이 좋아지기도 하니까요.

요즘 사람들이 '브랜딩'에 대한 열망이 있다고 하셨는데 이것도 이전에 말한 것과 같은 맥락에서 조언을 드릴 수 있겠네요. 전 브랜딩에 대해 열망을 가지는 것도 중요하지만 그보다 선행되어야 할 것은 '내가 어떤 것을 꾸준히, 끝까지 해나갈 수 있느냐'에 대한 진지한 고민이 아닐까 합니다. 좋아하지 않았던 일을 꾸준히 해서 나는 성과로 그 일을 좋아하게 될 수 있는 것처럼, 꾸준히 무언갈 하다 보면 그 안에서 자연스럽게 브랜딩은 찾아질 것이라 생각합니다.

제가 최근에 북콘서트에 다녀왔는데요. 그곳엔 저자의 팬이 가득했어요. 북콘서트 막바지에 저자님께 궁금한 사항을 질문할 수 있는 시간을 주셨는데, 그때 나온 질문들을 듣고 저는 조금 놀랐습니다. 저자의 팬이라면 책이나 저자 자체에 대한 궁금증이 있을 것 같고 그걸 물을 줄 알았는데, 질문 대부분이 질문자 자신이 가진 고민에 대한 질문이었고 그에 대한 답을 듣고 싶어 하더라고요. 사람들은 생각보다 누군가의 이야기에 크게 관심 없어요. 결국, 자신에게 무엇이 도움되는가가 주된 관심사죠. 콘텐츠를 제공하는 '나'라는 사람에 대한 이야기는 사람들이 크게 궁금해하지 않아요. 그걸 깨닫고 나서는 더욱 저 자신이 하고 싶은 이야기보다는 다른 사람들이 필요로 하는 콘텐츠를 연구하고 기획하고 있습니다.

사람들에게 도움이 되는 무언가를 주세요. 그리고 그 사람의 시간을 아껴주세요. 어떤 사람이 시간을 들여 해야 할 일을 내가 대신 많은 사람들에게 해주고, 그것에 대한 비용을 받는 거죠. 그게 사업의 본질이라고 생각합니다. 이제 막 자기만의 사업을 시작하려는 분이 꼭 알았으면 하는 이야기입니다. 그리고 남들이 당장은 알아주지 않더라도 본인이 정한 길이라면, 끝까지 '꾸준함'을 통해 버티셨으면 좋겠습니다.

인터뷰 중 꼭 알고 가야 할 이야기

1. 투자 마인드
① 사업은 '수'를 모으는 것이 핵심이며, 수를 모으는 데까지 본인이 얼마나 꾸준하게 버티느냐가 핵심이다.
② 부동산 투자는 지속적인 입지 공부를 통해 지역별 적정 시세를 아는 것이 중요하다.

2. 좋아하는 것으로 사업 만들기 팁
① 내가 꾸준히 할 수 있는 것이 무엇인지부터 찾아라. 그것이 브랜딩이다.
② 수를 모을 수 있는 채널을 다양화하라.
　(블로그, 유튜브, 오픈채팅방, 카페)
③ 내 사업체를 함께 끌고 갈 동료를 만들어라. 그럼 버틸 수 있다.

3. 대출 의견
－ 직장인이라면 신용대출을 적극 활용하라.
－ 분양권 집단 대출이라면 '중도금 무이자' 프로모션을 찾아보자.

4. 종잣돈 5,000만 원 투자 추천
'미분양 지역 중도금 무이자 프로모션 분양권 줍줍해라'
부동산은 지역별 흐름이 다르다. 공급 물량 과다로 미분양이 많은 지역은 단지별 다양한 프로모션이 진행 중이다. 그중 특히 요즘 같은 금리 인상기에 중도금 무이자 분양권은 적극적으로 노려볼 만하다.

5. 소비, 저축, 투자의 중요도에 대한 의견

'투자＞소비＞저축'

아끼고 모아서 투자하는 것은 계속 투자할 시간을 미루게 된다. 일단 저지르고 모으자. 그럼 소비도 저절로 줄어든다.

6. 멘탈 관리

'본인의 때'를 아는 것이 핵심이다. 쉬어야 할 때인지, 달려야 할 때인지를 파악해보자.

7. 향후 계획

DSR 기준 때문에 다주택자는 주택 투자가 어려운 것이 사실이다. 다음 타이밍을 위해 이 시기에 소득을 적극 늘릴 것이다. 아직 젊다면, 소득을 다각화해라! 소득을 늘려라!

청약 당첨 시작으로
파이어족이 되기까지

종잣돈 5,000만 원, 우습게 생각하지 마세요.

– 『스포츠도 덕후시대』 저자, **임준석**

인터뷰이 정보

연령	30대 남성
직업	스포츠 에이전트 대표
직책 및 연봉	창업 2년 차 / 1.5억 원(부부 합산 소득)
자산	50억 원(자가, 분양권 1개, 지식산업센터 11개)
투자 분야	아파트, 분양권, 지식산업센터
추천 투자 종목	똘똘한 한 채와 수익형 부동산
종잣돈	2억 원

그는 나에게 '돈에 관한 태도'를 강조했다. 처음엔 사실 젊은 꼰 대인가 하는 생각이 들었다. 하지만 인터뷰가 끝난 후, 그가 말한 '태도'의 중요성에 대해 깊이 공감할 수 있었다. 사실 근로소득만 으로 종잣돈 5,000만 원을 모으는 건 매우 어려운 일이다. 평범한 사람들의 월급으로는 생활비를 제하면 2년은 꼬박 절약하며 안 쓰고 모아야 한다. 그런데도 그 2년이란 시간의 의미는 5,000만 원 이라는 돈 값어치 그 이상의 가치를 가진다고 그는 말한다.

종잣돈을 모으는 기간은 어쩌면 현재부터 죽을 때까지 투자자 로서의 체력을 다지는 일. 그 기간을 단지 돈 모으는 기간으로 치 부해서는 안 된다는 것이다. 덧붙여, 인내심과 미래를 위한 계획 세우기, 본인이 절대 통제할 수 없는 것이 무엇인지를 깨닫는 시간 이라 여기고 그 시간을 성공적으로 버티길 바란다고 했다.

그에 말에 의하면, 한정된 돈 안에서 생활하다 보면 어떤 것에 는 돈이 부족하더라도 돈을 써야 하고, 또 인생에 있어 무엇이 필 요하고 불필요한지 선별하는 눈을 갖게 된다고 한다. 이로 인해 돈에 대한 소중함을 절실히 알게 되면 투자 결정을 할 때도 다른 사람의 말에 쉽게 흔들리지 않게 된다는 것이다.

쉽게 얻은 돈은 소중한 것인지 알기 어렵습니다.
분명 그 시간은 '나는 어떤 사람이고 어떤 인생을 살 것인지'를
성찰하는 기회가 될 것입니다.

그의 이야기 속으로 들어가 보자.

만남

그는 『스포츠도 덕후시대』라는 책의 등장인물 중 한 명이다. 이 책은 한 분야에 대해 광적 팬 활동을 하는 사람, 때로는 집에서 틀어박혀 고립되거나 음지에서 몰래 자신만의 취향을 즐기는 사람을 모두 '덕후'라고 지칭하는 사회의 부정적 인식을 깨기 위해 '스포츠 덕후'들이 똘똘 뭉쳐 쓴 이야기를 담고 있다. 사회의 편견을 깨고 정말 열성적으로 스포츠를 사랑했던 스포츠 덕후 18명이 현재 각자의 분야에서 어떻게 활약하고 있는지를 소개한다. 현재 18명은 변호사, 국립대 교수, 벤처 캐피털 매니저, 대기업 마케터, 국내 프로 스포츠 구단 프런트 등 다양한 분야에서 활약 중이다.

이번 인터뷰이는 이 중 스포츠 에이전트 대표이면서 부동산 고수인 분이다. 내가 본 그는 다른 사람들의 기준과 시대의 트렌드에 휩쓸리는 것이 아닌 자신의 취향과 관심사가 직업으로까지 이어진 전형적인 '덕후'였다. 스포츠 덕후와는 왠지 어울리지 않는 것 같은 부동산 투자자로서 그의 역량은 어느 정도고 어떻게 성장한 것인지 들어보고 싶었다.

그는 어려서부터 강남 학군에서 자란 터라 동네 친구들의 경우 아무래도 현재 의사, 변호사, 회계사 등 전문직에 몸담은 경우가 많다. 그는 친구들과 만나서 이야기해보면, 투자도 잘하고 있을 것이라 생각했지만 아직 '내 집 마련'도 하지 않은 경우도 제법 있다고 했다. 이유는 본업 자체가 너무 바빠 다른 일에는 신경을 쓰고 있지 못하기 때문인 것 같다고.

그는 강남이라는 동네가 아무래도 '그들만의 문화적 자본'이 튼튼한 것은 사실이지만 꼭 강남에서 자랐다 해서 모두가 투자 교육을 받고 자라는 것은 아니라 했다. 강남에 살게 된 이유도 그의 아버지가 강남 출신 변호사라 일찍이 그곳에 터를 잡았기 때문이지 지가 상승 혜택을 누리기 위한 투자 목적은 아니었으며, 그의 아버지는 지금도 실거주용 집을 제외하고는 다른 부동산에 큰 관심이 없으시다고 한다. 즉, 그의 부동산 자산은 부모님께 물려받은 것이 아닌 스스로 공부하고 노력해 축적한 것이었다.

강남이라는 학군에서 치열하게 학업에 충실하는 것이 본인에게 맞는 사람도 있겠지만, 그는 그런 치열한 입시 경쟁이 맞지 않아 고등학교 시절 외고를 갔음에도 불구하고 학업에 대한 중압감으로 인해 오히려 나중엔 공부를 흥미를 잃었다고 한다. 그래서 그곳에서 사는 게 행복이라고 생각하지 않는다는 그의 이야기는 꽤 설득력 있게 느껴졌다.

그래서일까? 그가 선택한 신혼집도 강남이 아닌 과천이었다. 과천도 물론 우수한 주거환경으로 많은 사람이 선호하는 곳이자 정주 비용*이 비싼 지역이긴 하지만 강남만큼은 아닐뿐더러, 이곳 부모들의 교육관이 아직은 그리 팍팍하지 않기 때문이다.

'언제까지 맞벌이 회사 생활을 할 수 있을까?', '언제쯤 아이들과 시간을 함께 보낼 수 있을까?', '지금 이게 과연 행복한 삶일까?' 하는 여러 의문이 그의 머릿속을 가득 메웠을 때 그는 퇴사를 했다고 한다. 그 후 그는 부동산 투자와 그의 농구 구단 경력을 발판 삼은 스포츠 에이전트 대표가 되었다.

적어도 대한민국에서는 똘똘한 내 집 한 채와 부동산 임대수익을 통한다면 노후까지 든든할 것이라는 믿음으로.

---

* 혼자 혹은 가족과 일정한 곳에 자리를 잡고 삶을 영위하는 환경에 드는 비용.

인터뷰

⚡ 간단한 자기소개 부탁드립니다.

🅐 안녕하세요. 저는 삼성 썬더스에서 9년간의 직장생활을 하고, 현재 스포츠 에이전트 대표로 활동하고 있는 임준석이라고 합니다. 삼성 썬더스에서 외국인 선수 통역업무를 한 경험을 바탕으로 현재 스포츠 에이전트를 창업하게 됐습니다. 아무래도 아직까진 우리나라에서 스포츠 에이전트로 활동하고 있는 분들이 10명 이내고, 특히 스포츠에 관심 있는 분들이 아니라면 제 직업이 생소하실 거예요. 공식 스포츠 에이전트에 대해 간략히 말씀드리자면 이에 관한 자격시험이 스위스에서 치러지는데요. 이를 취득하면 바로 관련 일을 시작할 수 있습니다. 하지만 이 일은 자격시험 자체보다 인적 네트워킹이 중요한 일이라 아무래도 동종 업계에 근무한 이력이 있어야 가능합니다.

제가 투자를 시작한 것은 직장에 다니면서 더 이상 이 일만으로는 평소 제가 가장 중시하는 행복과 자유의 삶을 살 수 없을 것 같다는 생각이 들었을 때였습니다. 어떻게 하면 일에서 벗어나 가족들과 많은 시간을 보낼 수 있을지 고민이 많았는데요. 처음엔 에이전트와 직장생활을 병행했지만, 사업소득이 월급을 넘어섰을 때 퇴사 후 부동산 투자자와 사업가의 삶을 병행하게 되었습니다.

Ⓠ 첫 투자 계기와 종잣돈은 어느 정도였나요?

투자는 투기가 아니다. 성실함을 기반으로 한다.

Ⓐ 저는 20대 후반 결혼했는데 당시 저도 5년 넘게 무주택자였습니다. 그러던 중 수도권 집값이 오르는 것을 보고 집을 사야겠다고 확신했습니다. 우리 부부 모두 청약 통장에 가입한 지도 오래됐고, 성실히 모아둔 현금 2억 원이 있었기에 당시 고분양가로 다른 사람들이 주저한 곳에 청약을 과감히 신청할 수 있었습니다. 예상대로 작은 평형은 경쟁이 치열했지만 제가 선택한 평형은 경쟁률이 낮아서 당첨될 수 있었습니다. 청약 당시는 고분양가로 논란이 있었지만, 입주 시에는 수도권의 강한 시세 상승 영향으로 10억이나 훌쩍 올랐습니다. 이것을 계기로 그 후에 후순위 대출을 활용하여 투자금을 계속 마련할 수 있었고 지속적인 투자가 가능했습니다.

Ⓠ 포트폴리오 구성은 어떻게 되나요?

Ⓐ 부동산 90%, 금융 10%에 집중돼있습니다. 금융 중 주식은 보유

한 게 없고 IRP 통장*과 소기업 및 자영업자 대상 세제 혜택 상품인 노란우산공제회에 가입되어 있습니다. 현재 보유하고 있는 자산은 자가 1채, 아파트 분양권 1개, 지식산업센터 11개 호실이 있습니다. 보통 젊었을 때는 시세차익에 집중하고, 중년 이상이 되었을 때 현금흐름을 강조하는 것이 일반적인데요. 저는 그렇게 정해 놓는 것보다 각자의 라이프 스타일에 맞춰 포트폴리오를 구성하는 게 좋다고 생각합니다.

저는 시세차익보다는 현재 현금흐름에 집중하고 있습니다. 아직 아이들이 미취학인데 취학 후 3~4학년 정도 되면 외국에 몇 년 가서 살 계획을 하고 있기 때문인데요. 외국에 체류하는 동안 안정적인 현금흐름이 확보되어야 걱정 없이 즐기고 올 수 있을 것 같아서입니다. 저는 그래서 늘 주변 사람들에게 투자할 때, 어떤 종목이나 방향을 한 가지로 추천하기보다는 라이프 사이클부터 확인하길 권합니다.

◎ 그렇다면 총자산에서 어느 정도 되나요?

Ⓐ 총자산은 50억 정도 되고요. 처음 실거주 마련을 위해 분양받

---

* 개인형 퇴직연금(IRP, Individual Retirement Pension), 근로자가 노후 자금을 마련하기 위해 가입하는 일종의 은퇴 준비 통장.

은 첫 집이 가장 시세 상승이 컸습니다. 2022년 상반기까지는 부동산 거래가 활발했기에 단기 투자로 인한 매각차익을 얻고 재투자를 해왔고, 제 자산 중 상당 부분을 차지하는 지식산업센터의 경우는 한 호실당 80% 이상이 대출을 통해 취득했습니다. 임대수익은 한 호실당 이자를 제하고 20~30만 원 정도 수익이 나오고 있습니다. 요즘 금리 인상으로 이자 부담이 커지긴 했지만 제 개인적인 의견을 드리자면, 기업의 임차 수요가 꾸준한 곳에 주로 호실을 보유하고 있어서 당장 몇십만의 손해는 자산 시장의 큰 흐름에서 봤을 때는 큰 손해는 아니라고 생각하고 있습니다.

Q 첫 투자부터 현재까지의 투자 과정은 어떤가요?

전업 투자자가 아니라면, 주 종목이 필수는 아니다.

A 저는 그때그때 시장 상황에 맞게 투자해왔어요. 처음에는 시세차익 위주로 아파트 개수 늘리기 투자로 시작했습니다. 최근 부동산 시장이 호황기였을 때는 민간임대주택 투자 공시지가 1억 이하 아파트 투자도 부동산 매매사업자를 활용하여 단기 매도차익을 노리고 투자를 진행했습니다. 이 상품들에 제가 단기 투자한 이유는 민간 임대, 공시지가 1억 이하, 비조정 갭투자 이 세 가지 모두 다주택자의 취득세 중과에서 벗어나 있기 때문이었습니다. 현재

집을 소유하고 있다면 그다음 주택이 비조정 지역일 때는 취득세가 여전히 1.1%였지만 그 후부터는 8%, 12% 이렇게 넘어가기 때문에 취득세 중과 규제의 사각지대에 있는 상품을 선택할 수밖에 없었습니다. 특히 민간임대분양 아파트의 경우, 시장이 활황기였을 때 경쟁률이 수백 대 일이 되기도 했고요.

현재는 종부세 강화와 취득세 및 양도세 세율 강화 등 세금에 불리한 제도들이 생기면서 부동산 투자자들에게는 난감한 상황인데요. 그래서 저는 주택상품은 똘똘한 것만 남기고 정리해야겠다는 판단이 들어 상당수 매도했어요. 똘똘한 한 채와 비조정 지역 분양권만 남기고 하락기를 대비한 현금흐름을 위해 수익형 부동산으로 포트폴리오를 변경한 상태입니다.

추가로 잠시 부동산 매매사업자에 대해 말씀드려보자면, 매매사업자에 대해 보통 사람들이 단기 매도를 하는 것이 개인보다는 양도세가 적다고만 판단하고 섣불리 실행하는 경우가 많은 것 같습니다. 하지만 매매사업자는 오히려 부동산 외 별도 근로소득이나 사업소득이 높으면 종합소득세 세율이 높아지기 때문에 오히려 불리할 수도 있다는 것을 명심하고 접근해야 하며, 세금에 관해서는 꼭 전문가의 상의 후 진행하는 것을 추천합니다.

🅠 월 임대 소득과 월 생활비는 어떻게 되나요??

또 하나의 월급을 만들 때까지 딱 2년!

🅐 저는 지식산업센터를 2년 동안 집중해서 투자하며 월 임대소득 200만 원을 만들었습니다. 물론 이자를 제외한 금액이고요. 요즘엔 금리가 오르고 있어 수익률이 떨어지긴 했지만, 시세 상승분도 있으니 잘한 투자라고 생각합니다. 4인 가족 기준 월 생활비는 200만 원 안팎에서 크게 벗어나지 않기 위해 노력하고 있고 월 소득 중 상당 부분은 이자 상환으로 사용하고 있습니다. 또한, 이자 상환과 생활비를 제하고는 거의 현금인출 통장에 임시로 예금해 놓는 편입니다.

저는 늘 돈에 대한 태도를 중요하게 생각하기 때문에 아내와 상의해서 서로 꼭 필요하다고 판단되는 것에만 지출하려고 해요. 아이들에게도 돈을 허투루 쓰면 안 된다는 것을 늘 인지시키려고 노력합니다. 일례로 요즘 아이들은 현금을 눈으로 직접 보는 경우가 거의 없어서 마치 카드와 스마트폰에서 돈이 저절로 생긴다고 생각하는 것 같더라고요. 그렇다 보니 돈의 소중함을 모를 수 있지 않을까 하는 생각이 들었어요. 그래서 저는 아직 자녀들이 어리긴 하지만 그 무엇이든 손쉽게 얻어지는 것이 없으며, 용돈을 주거나 무언가를 사줄 때도 이 돈이 어떤 가치를 가졌는지 알려줍니다.

투자, 소비, 저축을 100%라고 했을 때, 현재 어떤 비중으로 나누고 있나요?

일단 인내심을 키우는 데는 아끼는 게 최고죠!

Ⓐ 저축 50%, 투자 40%, 소비 10% 정도로 비중을 두고 있다고 보시면 좋을 듯합니다. 저 같은 경우, 이 비중은 시기마다 다른 것 같은데 2022년 상반기까지 투자를 공격적으로 해와서 당분간은 저축에 집중하려고 계획 중입니다. 지금이 투자의 기회라고 말하는 분들도 있긴 하지만 역으로 투자 경력이 길지 않은 저에게는 이 시기가 시장 추이를 지켜보며 공부하기에도 정말 좋은 시기 같거든요. 물론 저축만큼이나 투자에도 큰 비중을 두고 있어서 꾸준히 확인하며 알아보고 있긴 합니다. 투자는 결국 타이밍이 중요하거든요. 관심을 한 번 놓치면 타이밍 잡기가 어려우므로 계속해서 손품을 팔며 임장을 하고 있습니다.

간혹 돈이 생기면 그때 가장 좋은 물건을 사면 된다고 생각하는 분들도 계신데요. 부동산이라는 것은 매물마다 가격 차이도 크고, 희소성 있는 물건이 가치 있는 물건이기 때문에 언제 좋은 물건이 나타날지 모른다는 생각으로 꾸준히 관심 두는 것이 정말 중요한 일이라고 봅니다. 이 책을 읽는 독자분들은 주로 이제 막 부동산 투자를 시작하시는 분들일 텐데요. 항상 '돈이 생기면 그때 공부해야지'라는 관점보다는 돈을 모으는 과정에서 돈이 생겼을 때 바로 매수할 수 있는 확신이 들 수 있도록 투자 공부 루틴을 만들어두는 걸 추천하고 싶습니다.

💬 저축 비중을 50%로 잡을 만큼 중요하다고 생각하는 이유가 있나요?

단연코 저축이다. 인내심을 통해 투자자의 기초체력을 키우자.

🅐 저축은 '스스로 지출을 얼마나 통제할 수 있느냐'를 판단할 수 있는 지표라고 생각합니다. 아무래도 주변에서 소득은 높지만 지출 비중이 커서 늘 살림이 팍팍한 경우도 더러 봤거든요. 그래서 저는 늘 돈은 많이 버는 것 자체보다 돈을 어떻게 관리하느냐가 더 중요하다는 입장입니다. 저와 아내는 현금 1억 원을 모을 때까지 서로 정말 노력했거든요. 그 후 1억 원을 더 모으는 과정은 전보다 쉽게 느껴졌던 것 같아요. 제가 청약에 당첨된 아파트의 경우 분양가 자체가 높았던 데다가 거주를 해야 했기에 청약이 당첨되고 나서도 오히려 정말 더 안 쓰고 악착같이 모았습니다. 커피도 안 사먹을 만큼요.

저는 누구에게나 일단 부를 증식하기로 했다면 투자 공부 자체보다 지출을 통제하면서 스스로를 통제할 줄 아는 힘부터 기르라고 조언합니다. 이 힘은 나중에 큰 규모의 자산을 운용할 때도 정말 중요한 부분이라고 생각해요. 많이 벌어도 버는 것보다 더 많이 소비하는 사람은 돈의 속성을 잘 익히지 못한 거예요. 스스로 지출을 통제하는 습관을 잘 들여놓으면 그 습관은 평생 돈을 모으고 쓰는 데 긍정적인 영향을 줍니다. 그러니 나중에 많은 자산을 갖게 되었을 때도 검소한 생활로 현명한 소비를 하게 되므로 분명 더 빛을 발하게 될 거라고 봅니다.

그리고 한 가지 더 말씀드리자면, 이건 방법론적인 이야기인데요. 요즘 정말 많은 책, 부동산 강의, 유튜브 채널 등 마음만 먹으면 공부할 수 있는 것들이 많잖아요. 자기계발에는 정답이 없어요. 결국, 다 자기한테 맞는 것이 있다고 생각하거든요. 본인한테 안 맞는 것을 하느라 시간을 낭비하지 말고 스스로 맞는 걸 찾아서 하는 게 현명하다고 생각합니다. 저는 너무 빡빡하게 많은 시간을 쏟는 것보다는 본업을 충실히 하면서 여유를 가지고 꾸준히 시장을 확인하며 투자를 진행하는 방법이 저에게는 맞거든요. 그런데 또 어떤 분들은 본업이 있음에도 전업 투자자처럼 하시는 분들도 있더라고요. 저랑 완전 반대인 거죠. 다 본인의 성향과 라이프 스타일에 맞춰야 한다고 생각합니다.

Q 슬럼프에 빠졌을 때 자신만의 극복 방법이 있나요?

남과 비교하지 않는 것이 가족 모두의 행복이다.

A 저는 운이 좋게도 성격상 슬럼프에 잘 빠지지 않는 것 같습니다. 가끔 힘든 일이 생길 때는 일시적으로 멘탈이 흔들릴 때도 있지만 바로 회복하는 편이라서요. 그런데 그럴 수 있는 비결이 있다면 남과 비교하지 않는 제 성향 덕이 아닐까 싶습니다. 저를 다른 사람과 비교하지 않기에 아내에게도, 아이들에게도 다른 사람과 비교하는 말은 하지 않아요. 다른 사람과 비교하지 않는 자세가 저 자신에게도 가족 모두 행복할 수 있는 비결이라고 생각합니다.

남과 비교하지 않는 근본적인 마음가짐은 '자존감'에서 비롯된 것이라고 봅니다. 저는 이 투자에서도 '자존감'은 중요한 역량이라고 생각해요. 자존감이 낮으면 끊임없이 다른 사람들과 본인의 투자 성적을 비교하게 되거든요. 잘 살려고 투자하는 것인데, 이 비교하는 마음을 버리지 못하면 불행할 수밖에 없을 거예요. 그렇기에 본인의 있는 그대로를 수용하고 사랑했으면 좋겠습니다.

특히, 제 생각엔 우리나라는 뭔가 '남들도 한다는데 나도 해보자'는 심리가 강한 거 같아요. 그런 정서가 아무래도 더욱 다른 사람과 본인을 비교하게 되는 것 같거든요. 하지만 이 비교하는 마음을 놓지 못하면, 자존감이 낮아질 수밖에 없습니다. 혹시 슬럼프에 빠져 고민인 분이라면 '다른 사람과 나의 현재를 비교하고 있는 건 아닌가'를 생각해보셨으면 좋겠습니다.

💬 종잣돈 5,000만 원인 사람들에게 추천할 만한 투자에는 어떤 것이 있을까요?

실거주와 투자를 분리하라.

💬 종잣돈 5,000만 원이라면 실거주와 투자를 분리해 생각하는 것부터 시작해야 한다고 봅니다. 직장에 가는 거리에 큰 무리가 없고, 입주 물량 많은 곳에 월세로 살면서 지방에 가능한 범위 내에서 시세 상승이 기대되는 지역의 갭투자를 하는 방법을 추천합니다. 물론 수도권에 사면 가장 좋겠지만, 매물마다 가치의 편차가 있을 수 있으니 다양하게 많이 물건을 볼 것을 권합니다.

개인적으로는 요즘 수도권에서 입주 물량이 많은 인천 같은 경우는 실거주자들에겐 강력한 기회란 생각이 듭니다. 특히 검단 신도시의 경우, 국평* 기준으로 신축을 4억 원 후반에서 5억 원대까지 매수할 수 있는데, 이는 다시는 만날 수 없는 기회가 아닐까

---

* '국민 평수'의 줄임말로, 국민들 사이에서 인기가 많은 평수를 의미한다.

싶습니다. 물론 5,000만 원으로는 어려울 수 있지만, '생애최초 보금자리대출', '디딤돌 대출' 등 정책자금대출을 적극적으로 알아보고 매수하길 바랍니다. 가장 지양해야 할 선택은, 청약 당첨만을 기다리고 현재 할 수 있는 모든 시도를 뒤로 미루는 것입니다.

저의 경우 청약 당첨을 통해 내 집 마련을 하긴 했지만, 이 또한 해당 단지가 탈락하면 그 후엔 다른 지역의 분양권이나 기축 아파트를 매수할 계획이었어요. 즉, 제가 하고자 하는 조언은 항상 한 가지의 방법만 놓고 무작정 기다리지 말고, 다양한 계획들을 함께 염두에 두고 실행하는 것이 중요하다는 것입니다. 계획이 한 가지만 있다면 그 계획에 맞지 않은 타이밍이라고 느껴질 때 그냥 시간만 흘려보낼 수도 있으니까요.

제가 제 지인들에게도 한 가지 계획만 갖고 있으면 더욱 마음이 불안할 수밖에 없다고 항상 조언해요. 부동산 투자라는 것은 자산 가격과 거래 비용 자체가 크기 때문에 내가 세웠던 계획 하나에 의해 성사되는 경우는 드물어요. 저도 단기간에 수십 번의 거래를 해봤는데요. 단 한 번도 제 뜻대로 쉽게 계약이 된 적은 없었어요. 심지어 청약을 할 때도 원래 염두에 뒀던 평형이 경쟁률이 너무 몰릴 것 같아 당일에 평형을 변경해서 신청하기도 했고요. 언제나 다방면으로 계획을 세우길 추천합니다.

💬 만약 5,000만 원의 종잣돈이 없는 사람이라면, 앞서 말씀하신 것처럼 신용대출보다는 저축을 추천하는 건가요?

당장의 투자보다 멀리 봐라.

🅐 저는 투자에 대한 확신이 있다 하더라도 처음부터 손쉽게 신용대출을 받고 투자하는 것이 바람직하다고 생각하진 않습니다. 물론 사람마다 추구하는 것이 다르기 때문에 신용대출을 받아 투자하는 것이 꼭 틀렸다는 것은 아닙니다. '장기적인 관점'을 가져야한다고 생각하는 제 기준에서는 앞으로 계속 투자를 해나가야 하는데 처음부터 빠르게 진행하려고 빚내면서까지 매입할 필요가 있을까 싶습니다. 시기가 중요한 것은 아니고, 저는 첫 시도를 할 때까지 본인이 얼마나 기초 체력을 튼튼히 했느냐가 더 중요하다고 생각합니다. 당장 돈을 벌었다 하더라도 본인이 종잣돈을 힘들게 모아본 경험이 없으면 돈을 귀하게 여기지 않을까 하는 우려 때문입니다.

나라 살림도 돈을 풀 때와 긴축 재정이 있는 것처럼 개인에게도 긴축재정 시기가 반드시 있어야 한다고 생각합니다. 그 과정을 나를 위한 성장이라 여기고 노력하면 돈 이상의 가치를 깨우칠 수 있을 것이라 확신합니다.

우리의 자산 규모가 커졌을 때
우리를 지켜주는 것은 '돈에 대한 태도'지,
어떤 전문가의 도움이 아닐 겁니다.

🔍 가장 중요한 투자 마인드는 무엇이라고 생각하나요?

나눌 줄 아는 사람이 되어라.

🅐 저는 혼자 하지 말고 함께하는 마음이 중요하다고 봅니다. 여기서 '함께'의 기본값은 도움을 받기도 하고 때로는 본인이 알고 있는 정보들을 작은 것이나마 늘 나누는 것을 말합니다. 이렇게 형성된 관계는 장기적인 관점에서 좋게 유지될 수 있지 않을까 싶습니다. 한두 번은 누구나 일방적으로 도움을 줄 수 있지만, 일방적인 관계는 결국 오래가지 못하더라고요.

투자도 결국 라이프 사이클처럼 다른 사람의 투자에 관심을 쏟기보다 본인의 때를 기다리고, 본인의 상황에 맞게 무리하지 않는 범위 내에서 투자해야 합니다. 투자란 결국 본인이 책임져야 하는 몫이라서 설령 상승장에 돈을 벌었다 하더라도 스스로 투자 철학이 확고하지 않으면 자산을 지키긴 어렵거든요. 즉, '본인의 때'라는 것은 '투자물에 대한 장기적 확신'이라고 봐도 무방합니다.

Q 스포츠 에이전트라니 제겐 생소한 직업인데요, 남들이 선택하지 않은 본인만의 사업을 꾸리게 된 노하우가 궁금합니다.

A 저는 개인적으로 인맥 관리를 정말 중요하게 생각합니다. 제가 지금 하고 있는 일도 어찌 보면 아무리 실력이 있더라도 인맥을 잘 관리해놓지 않았다면 지속하기 어려운 일이거든요. 그래서인지 저는 항상 모든 일을 대하면서 맺게 되는 사람들과의 관계를 허투루 생각한 적이 없었습니다. 가령 삼성 썬더스에서 외국인 선수 통역 업무를 수행할 때, 통역만 하는 것이 아니라 외국인 선수가 국내에서 경기를 하게 되면 보통 그 가족들이 다 함께 한국에 들어와요. 그럼 장 보는 것부터 병원 가는 것까지 자잘한 일상생활을 하는 데 있어 의지할 곳이 없기 때문에 생활 전반을 모두 저에게 의지할 때가 많습니다. 그럴 때, 누군가는 저에게 통역사가 경기 외 작은 일까지 신경 써야 하냐며 반문하기도 했지만 저는 그런 소소한 일을 할 때도 항상 최선을 다하고자 노력했던 것이 저만의 노하우가 된 게 아닐까 싶어요.

그리고 저는 한 번 맺은 관계는 좋게 유지하려고 지속해서 연락을 이어가려고 굉장히 노력합니다. 이런 노력으로 형성한 인간관계의 범위나 깊이가 지금 하는 일을 더더욱 가능하게 한 기회를 제공했다고 생각해요. 요즘 갈수록 개인주의가 만연하고 있어 다른 사람과의 관계보다는 본인 눈앞에 놓인 당장의 이득만 생각하시는 분들이 꽤 많은데요. 저는 사람의 인연이란 어디서 닿을지 모르기 때문에 항상 현 상황에서 관계를 맺는 데 최선을 다하는 것이 본인에게도 이롭다고 봅니다.

소중한 인연과 이를 유지하는 일은 투자에 있어서도 빛을 발하기도 합니다. 그래서 부동산 소장님께도 좋은 매물을 만나지 못하더라도 꼭 작은 성의 표시를 한다든지, 혹은 배우고 싶은 투자 멘토님께도 항상 감사함을 표현한다든지 말이죠. 사람을 귀중하게 대하는 자세는 투자, 사업 그밖에 모든 것을 아울러 인생에 있어 중요합니다. 각박하다고 느껴지는 사회라 할지라도 항상 인맥을 소중히 하는 마음을 가진 투자자가 되셨으면 좋겠습니다.

ⓠ 앞으로의 투자 계획은 어떤 방향으로 잡고 있나요?

똘똘한 한 채와 월세 수익이 목표!

ⓐ 저는 현재 자가로 보유 중인 집의 시세차익이 크기 때문에 이 집으로 비과세 혜택을 바라보고 있습니다. 주거용은 다 정리하고 기회를 엿보다가 상급지로 갈아탈 계획도 세우고 있습니다. 주거용 자산은 1인 가구일 때나 신혼일 때는 상관없지만, 자녀가 있는 경우 투자 영역으로 생각하기보다는 제 가정의 삶에 영향을 미칠

수 있는 중요한 환경적 축이라고 생각합니다. 거주 환경이 좋아야 좋은 일도 많이 생기고, 더 좋은 꿈도 꿀 수 있지 않나 싶어서요.

금리 인상으로 인해 부동산에서는 아예 관심을 닫는 분들도 많으신데요. 저는 무엇보다 이 시기에 가장 부동산에 관심 가져야 할 대상은 무주택자분들과 1주택자 중 갈아타기를 고려하는 분들이라고 봅니다. 요즘 흐름이 자산 가격이 급상승했던 2020년 ~2021년까지 가격이 거의 2020년 초반으로 회귀하고 있기 때문이에요. 이번 상승장은 크게 두 번이 있었는데요. 지역별로 차이가 있어 조금 지역 범위를 넓게 말씀드리자면, 1차 상승은 2019년 이전이었고 2차 상승은 2020년 이후에 일어났습니다.

1차 상승은 수급과 인플레이션으로 인한 정상 가격 범위 내의 상승이라고 보고, 2020년 이후는 유동성 시장이 컸습니다. 그래서 아무리 자산 가격이 하락해도 1차 상승 전만큼 떨어지기는 어렵다고 보고, 2차 상승 전 가격으로만 상급지의 가격을 매수하더라도 본인이 원래 보유하고 있는 집을 매도할 수만 있다면 갈아타기의 적기라고 판단하고 있습니다. 무주택자분들과 1주택자 중 갈아타기를 하고 싶은 분들은 적극적으로 알아보시고 좋은 매물을 매수할 기회를 잡으셨으면 합니다.

또한, 저는 안정적인 현금흐름을 마련해놓고 싶어서 앞으로도 상가와 지식산업센터가 시세보다 월등히 싼 매물이 나오면 바로 매수하려고 합니다. 하지만 현재는 금리 인상기라 공격적으로 매수할 계획은 없고, 공부하기 좋은 시기라고 생각해서 여유 있게 현금을 저축하며 기다릴 생각입니다.

@ 요즘 많은 이들이 '파이어족'에 특히 열광한다고 합니다. 파이어족, 되어 보니 어떤가요?

@ '파이어'가 '일을 하지 않는 상태'라는 의미라면 전 파이어족이 아닙니다. 하지만 원하지 않는 직장생활에 메어있지 않고, 아이들과 늘 원하는 장소에서 육아하며 원하는 시간에 가족들과 소중한 시간을 마음껏 보낼 수 있다는 점에서는 파이어족이라고 할 수도 있겠네요.

둘 다 직장생활을 할 때는 늘 시간에 쫓겨 아이들한테 마음 같지 않게 표현이 좋게 나가지 않을 때도 있었는데, 지금은 시간 여유가 있다 보니 아이들하고 함께 좋은 시간을 많이 보낼 수 있다는 것이 정말 좋습니다. 사실 아내에게 처음 퇴사하겠다 말했을 때는 조금 걱정을 하더군요. 하지만 당시 사업소득이 근로소득을 넘기도 했고 결국 제 결정을 믿고 지지해줬어요. 그 덕에 전 퇴사 후에도 자신감을 가지고 사업에 집중할 수 있었습니다. 간혹 그때 이야기가 나오면 아내도 지금이 더 좋다고 하더라고요. 저는 아이들이 어릴 때는 부부 중 한 명이 혹시 다른 쪽에 재능이 있다면 한 명은 자기 사업을 하는 것이 아이들 양육에도, 가족 전반의 행복을 위해서도 더 좋다는 생각이 듭니다.

그리고 여러분들에게 한 가지 드리고 싶은 이야기가 있는데요. 제가 요즘 아이들 등·하원을 하면서 깨달았던 점이 있습니다. 아이들 기다리면서 학교 앞에서 학부모님들 이야기하는 것을 엿듣고는 하는데요. 제가 학교 다닐 때랑 별반 달라진 점이 없다는 것이었어요. '어느 학원이 좋아요? 요즘 애들 학원 어디 보내요?' 대다수 이런 대화가 오갑니다. 저는 그게 가장 안타까워요. 만약에 제가 회사에 계속 얽매인 삶을 살았더라면 아마 저도 아이들에게 획일적인 교육만 했겠다는 생각이 들더라고요. 제가 제 일을 하면서 아이들과 함께 보내는 시간을 많이 만들 수 있는 지금 순간이 정말 감사하고 행복합니다.

저는 제 아이들도 저처럼 남들이 다 하는 것을 좇는 것이 아닌 어느 무언가의 덕후가 되어 좋아하는 일을 하고 살았으면 좋겠습니다. 그리고 투자를 열심히 하는 것도 중요한 일이지만, 투자에 앞서 본인이 어떤 삶에 행복감을 느끼는지에 대한 답이 항상 그 중심에 있기를 바랍니다.

인터뷰 중 꼭 알고 가야 할 이야기

1. 투자 마인드

투자자의 기본은 인내심이다. 첫 종잣돈을 모으기까지의 과정은 단순히 돈을 모으는 것이 아니라 투자자가 갖추어야 할 태도를 갖추는 일이다. 힘들겠지만 반드시 그 관문을 통과하길!

2. 투자 추천

① 책, 유튜브, 강의를 들어보고 본인에게 맞는 투자처를 찾아라.

② 투자 공부 자체보다 지출을 통제하면서 스스로 통제할 줄 아는 힘부터 길러라.

③ 혼자 하지 말고 지속해서 동료들과 투자 의견을 나누어라.

3. 대출 의견

첫 신용대출은 신중히 결정해야 한다. 첫 투자는 급여 소득으로 하는 것을 추천하고, 그 후에 남에게 흔들리지 않는 마인드가 갖춰졌다고 판단되면 적극 대출을 활용해라.

4. 종잣돈 5,000만 원 투자 추천

실거주와 투자를 분리하여 투자금이 가능한 지역의 분양권이나 갭투자를 추천한다. 첫 투자로 직주근접을 고려한 원룸형 오피스텔 투자보다는 아파트 상품부터 투자를 시도해라.

5. 소비, 저축, 투자의 중요도에 대한 의견

'저축>투자>소비'

모으고, 투자하고, 소비는 꼭 필요한 것 외에는 지출하지 않는 것을 추천한다. 소비는 습관이기 때문에 돈을 좀 벌었다고 해서 바로 지출을 늘리는 것은 바람직하지 않다. 특히 여자분들이라면 카푸어 남자를 조심해라.

6. 멘탈 관리

본인마다 각자의 라이프 스타일이 있으니 남과 나를 절대 비교하지 말자. 남과 비교하는 습관은 나뿐만 아니라 가족까지 다른 사람과 비교 대상으로 삼을 수 있음을 항상 명심해라!

7. 향후 계획

주거용은 똘똘한 한 채를 위해 계속해서 상급지 갈아타야 한다. 그 외에는 시세차익과 임대수익 두 개를 동시에 잡을 수 있는 수익형 부동산에 집중할 계획!

내가 벗어났던 환경에서
조금 더 벗어나 보니
세상엔 정말 다양한 삶이 있었다

인터뷰를 진행했던 약 6개월의 시간 동안 나는 내가 그동안 사회생활을 하며 배운 것은 아무것도 아니었다고 느껴질 만큼 단기간 그들을 통해 많은 것을 배울 수 있었다. 나이와 상관없이 말이다. 사실 인터뷰를 하는 과정에서 처음엔 숨은 고수들을 만난다는 기대감에 한창 들떴었다. 하지만 시간이 흐를수록 모두 성공 방법이 달라 이제 막 투자를 시작하려고 하는 독자들이 오히려 '누구의 것을 롤모델로 삼아야 할지 혼란스러워하면 어쩌지?'라는 새로운 고민에 빠지기도 했다.

인터뷰가 마무리된 이 시점 내가 내린 결론은, 가장 중요한 건 그 어떤 것보다 스스로에게 맞는 성공 방정식은 본인이 찾아야 한다는 것이었다. 그렇기에 이제 막 시작하려는 사람들에게 '본인이 어떤 사람인지부터 탐색해볼 것'을 추천하고 싶다.

우리는 누구나 선천적으로 가진 성격과 재능, 성향, 추구하고 자 하는 인생관이 모두 다 다르다. 우리가 숨은 고수분들에게 가장 깊게 배워야 할 점은 바로 이 점이 아닐까 싶다. 이들은 모두 본인이 무엇을 잘하는지, 본인의 성향은 어떠한지를 잘 알고 있었고, 그에 맞춰 추구하고자 하는 인생 목표가 확실했다. 그러므로 숨은 고수분들의 성공 이야기를 본보기 삼아 본인은 어떤 성향의 사람인지부터 한번 차분히 생각해보는 시간을 갖길 바란다.

아직 나 또한 갈 길이 멀다. 처음엔 어떻게든 빨리 돈을 많이 벌고 부자가 되고 싶었지만, 이제는 어떤 선택이 나의 삶과 어울릴지에 대해 더 많이 고민하게 된다. 고수들의 인터뷰 이야기를 곱씹으며 모든 것들을 흡수하려고 하기보다는 본인의 성향을 확실히 알고 나의 성향과 어떤 고수의 투자 방법이 잘 맞는지를 찾아보자. 그리고 이에 맞춰 투자 구체적인 계획을 세우기 전, '내가 지금 이것을 왜 하려고 하는가?'라는 질문을 스스로에게 던져보자. 나만의 서사, 나만의 why가 확실해야 굳건히 행동으로 이어나갈 수 있고 지속할 수 있을 것이다.

자, 이제 다시 묻겠다.
'당신이 돈을 벌고 싶은 진짜 이유는 무엇인가?'

Episode 2.

삼각 김밥 노동자에서 시작된

우주방랑자의 성장 이야기

'Ep2. 삼각 김밥 노동자에서 시작된 우주방랑자의 성장 이야기'에는 우주방랑자라는 개인의 삶이 담겨있다.

지극히 개인적인 이야기를 책을 통해 알리기로 한 것은 생각보다 쉽지 않은 일이었다. 첫 번째로는 궁금하지도 않을 그리고 직접적인 도움도 안 될 이야기에 누가 관심 있어 할까 해서였고, 두 번째로는 굳이 들추고 싶은 기억들은 아니기 때문이다. 하지만 내가 책을 쓰고 싶었던 취지는 '부동산 투자, 정말 그 누구나 할 수 있어요. 진짜예요!'였다. 그 이야기를 전달하는 데 있어 멋진 방법론적인 말들보다 내가 살아왔던 이야기가 더욱 큰 울림이 있을지 모른다는 어느 누군가의 조언에 용기를 내보기로 했다. 어차피 초보 투자자에게 직접적인 도움이 되는 좋은 부동산 투자 실용서들은 이미 시중에 넘쳐난다. 누군가는 이런 남의 인생 이야기가 매력적으로 느껴지지 않을 수 있지만, 다른 누군가에겐 한 줄기 희망이 될 수 있을 거라 확신한다.

아주 어렸을 적, 나는 화장실이 밖에 있는 작은 방 한 칸에서 자랐고, 초등학교 입학할 때쯤엔 우리 집도 새 아파트에 살 수 있을 줄 알았다. 하지만 당시 IMF 외환위기로 아버지의 사업이 실패하면서 우리 집엔 노란 바탕에 빨간 글씨로 '차압'이라 적힌 딱지가 곳곳에 붙게 되었다. 그리고 우리 가족은 채권자들의 눈을 피해 살던 지역에서 저 먼 외삼촌 댁으로 쫓기듯 도망왔다.

감수성 예민한 시기였지만 사촌 집 방 한 칸에 얹혀살며 언니들의 눈치를 받아야 했다. 그 후엔 쥐가 출몰하는 조립식 집으로, 성인이 되어서도 내 삶은 계속 더 다양한 문제에 직면하며 인생이 뜻대로 풀리지 않았다. 활짝 핀 꽃다운 20대에도 어째 난 여전히 흙탕물 속에 잠긴 꽃이 된 것만 같았다. 하지만 부모님과 하나뿐인 언니의 사랑을 듬뿍 받으며 '난 결국은 잘 될 사람이야'라는 믿음을 쌓아갔고, 내 앞을 가로막는 장애물들을 도장 깨기처럼 탁탁 치고 씩씩하게 걸어올 수 있었다.

아직은 갓 알에서 깨어나온 병아리 수준이지만, 이전의 나는 경제는커녕 청약이 뭔지도 모르던 사람이었다. 하지만 지금은 돈에 대한 열망 하나로 신문 읽기부터 차근차근 시작해 여러 채의 집 주인이자 어느 회사의 임대인으로까지 성장했다. 새삼스럽지만, 나 스스로에게 열렬히 박수를 쳐주고 싶다.

책 출간을 위해 원고를 쓰며 지난날들을 떠올리다 보니, '와. 나도 했는데 정말 누구나 노력하면 다 할 수 있겠다' 하는 생각이 절로 들었다. 아니, 더욱더 확신하게 되었다. 나의 지질했던 20살 그리고 지금까지의 이야기를 한번 읽어주길. 너무 진지하게 말고 그냥 재밌는 이야기를 듣는 듯 즐겁게 읽어주었으면 좋겠다. 옆집 친구의 이야기를 듣는다는 생각으로 가볍게 보고, 당신도 나처럼 맘껏 자기만의 인생을 꾸려가길 바란다.

고졸 백수,
삼각 김밥 공장에서 골프 캐디까지

꽃다운 나이 20대,
고졸 백수가 되었던 이유는…

○ '고졸 백수' 주제에 맞는 일자리를 찾아 헤매다

21살, 재수 실패 후 들어간 지방 모 대학교를 1개월 만에 자퇴했다. 자퇴의 이유는 굳이 재수를 하지 않아도 갈 수 있었던 학교를 비싼 등록금을 내고 다닌다는 것이 당시 내 자존심으로는 도저히 허락지 않았다. 더 솔직하게는, 힘들게 일하시는 부모님께 신세를 지고 싶지 않았다. 그래서 1개월 만에 '그냥 차라리 고졸로 남을래'라는 결심을 하게 되었고, 재수 시절처럼 다시 백수로 돌아갔다.

자퇴를 하고 받은 등록금 환불금 200만 원을 받았는데, 학생의 신분을 벗어나면 이 돈은 아무것도 아니라는 사실을 뒤늦게 깨달았다. 200만 원은 아끼고 아껴도 몇 개월 생활비 수준밖에 되지 않았다. 그 뒤 나는 '돈 많이 주는 일자리'를 찾아 헤맸다. 고졸 백수치고 돈을 많이 받을 수 있는 그런 일 말이다. 내가 학생일 때는 어떤 생각을 가지고 살았건, 나의 꿈은 무엇이었든 간에, 그런 것 따위는 사회에서 아무런 소용이 없었다. 그저 '고졸 백수' 주제에 맞는 일자리를 구해야 하는 게 내 현실이었다. 그래서 벼룩시장 신문, 걸어 다니며 받은 각종 전단지, 전봇대에 붙은 구인 공고문, 인터넷 아르바이트 웹사이트를 뒤지고 뒤져 삼각 김밥 공장에 처음으로 취업했다. 그때는 세상 보는 시야가 좁아 고졸이면 생산직 노동자만 해야 하는 줄 알았다.

공장은 집에서 버스를 타고 30분 정도 걸렸다. 업무 복장은 우주비행사가 입는 옷처럼 생긴 위생복, 흰색 장화와 흰색 장갑을 손발에 진물이 날 때까지 계속해서 착용하고 있어야 했다. 그곳에서 나의 업무는 13시간 동안 기계에서 포장된 삼각 김밥을 출고되는 상자에 채우는 단순 노동이었다. 화장실은 1시간에 한 번 반장님의 허락을 받고 가야 했고, 어쩌다 지루할 때쯤 옆에 서 있는 언니와 이야기 한마디 나누고 싶었지만 그러기엔 기계 돌아가는 소리가 너무 시끄러웠다. 그 소리 때문에 일이 끝난 뒤에도 머리가 지끈하고 심장이 쿵쾅쿵쾅 요동치는 듯했다.

가장 기대되는 시간은 2시간마다 10분씩 주어지는 휴식 시간이었다. 모자와 장화를 벗고 나서 먹는 달달한 믹스 커피와 꿀꽈배기는 정말 맛있었다. 힘은 들었지만 '이것도 익숙해지면 괜찮겠지'라는 마음으로 하루하루를 버텼다. 하지만 운동 한번 안 하고 학교에 앉아 공부만 하던 아이가 생산직군의 일을 한다는 것은 체력적으로 버티기가 너무 어려웠다. 그러던 어느 날, 손이 느리다며 반장님께 호되게 혼이 나고는 공장에 나가는 것이 무서워졌다.

'여기 무섭다…. 여기는 내 길이 아닌 것 같아…'

그렇게 난 도망치듯 삼각 김밥 공장을 그만두었다.

○ 멋모르고 들어간 골프장 생활

그다음 선택한 일자리는 '골프 캐디'였다. 주변 지인 중 골프를 치는 사람이 없었고, 당시만 해도 골프 캐디라는 직업 자체가 대중적이지 않아서 무슨 일을 하는지도 몰랐다. 벼룩시장 신문지에 일급이 높다는 내용만 읽고 무작정 골프장에 찾아갔다. 정말 '돈'만 생각하고 지원했던 거였다. 삼각 김밥 공장에서 체력적으로 고된 일은 골프 캐디의 정신적 고통에 비하면 아무것도 아니었다는 사실을 그땐 몰랐다.

보통 골프장은 리조트 내에 있는 경우가 많아 리조트 입구에서 골프장 내부까지 가려면 한참을 걸어야 했는데, 원서 제출을 위해 버스에서 내려 한 40분을 꼬박 걸었다. 입사 후에 알게 된 사실이지만, 내가 근무했던 골프장은 처우가 좋지 않은 골프장이라 사람이 탈 수 있는 전동 카트는 없고 골프 가방만 실을 수 있는 수동 카트만 있는 곳이었다. 지금이야 그 사실을 알았다면 입사 여부를 고민했겠지만, 그때는 원래 골프장은 걸어 다녀야 하는 곳인 줄 알았다.

그리고 돈을 주는 사람이 돈을 받는 사람을 무시하고 천대하는 걸 당연시하는 곳이 이 사회에 존재한다는 사실을 알게 되었다. 더 나아가 대학을 가지 않고 바로 생활 전선에 뛰어든 사람에 대한 눈초리가 어떤지 그리고 우리가 사는 사회는 눈에 보이지 않는 계급이 존재한다는 것을 온몸으로 체감했다. 왜 우리나라는 부모들이 자식 사교육비를 위해 자신들의 노후자금까지 포기하는지 대번에 깨달았다. 매일매일 라운딩이 끝날 때쯤이면 손님들의 가방 지퍼를 닫을 때면 참았던 눈물을 터뜨리기 일쑤였다.

'너 고졸이야. 이 정도 버는 것에 그냥 만족하고 살아. 너한테 무슨 대우를 해주길 바래?'

학창시절부터 고졸로 삼각 김밥 공장에서 일하던 과거까지 되뇌며 나를 몰아세웠다. 학교생활도 날라리도 모범생도 아닌 그 애매한 사람, 재수 실패, 더욱이 재수해서 간 학교는 1개월 만에 자퇴, 처음으로 취업한 삼각 김밥 공장은 몇 개월을 채 못 버티고······ 대체 난 제대로 할 줄 아는 게 뭘까 싶었다. 이마저도 마음에 안 맞는다고 버티지 못하면 난 영원히 패배자가 될 것만 같아서 아무리 일이 고되고 심적으로 힘들어도 이 일을 놓을 수 없었다.

어딘가에 소속도, 만족도 없이 떠도는 사람 같았다.

굳게 다짐하며 힘들게 버텨온 시간이었지만 몇 가지 사건을 맞닥뜨리며 결국 골프장을 그만두게 되었다.

○ 아무리 돈이 좋아도 '그 돈'은 안 받아요!

현재는 골프라는 스포츠가 대중화되고 시장이 커지면서 캐디에 대한 인식도 많이 개선되었지만, 내가 일을 했을 때만 해도 그렇지 못했다. 이 말은, 즉 손님들의 대우 자체가 좋지 않았다는 뜻이다. 물론 잘해주는 사람들도 많았지만, 그렇지 않은 사람들에 대한 부정적인 감정이 너무 강렬해서 지금까지도 생생하게 기억 나는 일화들이 있다.

그중 하나는 어느 정말 비바람이 몰아치는 여름날이었다. 골프장마다 내규에 따라 운영 방식의 차이가 있는데, 내가 일했던 곳은 열악한 처우였기에 손님이 원하면 천재지변 상황 속에서도 라운딩을 나가야만 했다. 물론 우비를 착용하긴 하지만 그 산속에서 물이 찬 워커에 하얀 면장갑을 끼고 질퍽질퍽한 잔디밭을 걸으며 손님들의 비위를 맞추는 것은 정말 21살 꽃다운 여자에게는 너무나 힘든 일이었다. 지금 생각해보면 당장 그만두더라도 하나 이상할 것 없는 일용직에 좋지 못한 처우를 받았음에도 내 정신 상태는 철저히 군기가 바짝 들어있어 그 어떤 심리적 저항감도 없었다. 그냥 어떻게든 버티면 된다고 막연히 생각했던 것 같다.

이날 만난 네 명의 손님은 정말 이를 악물고 내기를 하는 50대 아저씨들이었다. 내 입장에서는 '이 날씨에 내기를 한다고?' 생각하며 도무지 이해할 수 없었다. 지금 생각해보니, 정말 좋은 마음으로 여가 생활을 즐기기 위해 온 사람이었다면 그 날씨에 오지도 않았을 것 같다. 그리고 이 무리 중 이상하게 한 손님과 나는 합이 맞지 않았다. 다른 세 명의 손님에게 하지 않는 실수를 유독 그분에게만 하게 되었다. 아마도 나를 한 인간으로 보는 것이 아니라 그저 시중하는 노예 정도로 대한다는 것을 온몸으로 느끼고 있었기에 더욱 긴장했던 것 같다. 그 긴장은 자꾸 하지 말아야 할 실수로 이어졌고, 그러다 어느 시점엔 정말 하면 안 되는 실수를 하고야 말았다. 손님이 의아해하며 본인 클럽을 확인해보더니 대번에 나에게 욕을 해댔다.

앞서 언급한 것처럼, 내가 근무했던 골프장은 손님들의 골프 가방만 실을 수 있는 수동 카트만 있었다. 그래서 18홀을 티샷*을 하며 함께 걸어 다녀야 했다. 그다음부터는 페어웨이**에서 손님이 볼 앞에 서서 다음 샷을 위한 클럽을 고민한 후 내게 클럽을 말해주면 내가 손님 백에서 클럽을 꺼내 전달했다. 물론 체력과 매너가 좋은 손님들은 그런 방식보단 본인이 직접 백에서 클럽을 꺼냈다.

그날은 비가 무척이나 많이 내렸고 유독 긴장도 많이 했는데, 마침 내기 골프로 한창 돈을 잃고 있던 그 손님에게 잘못된 클럽을 갖다준 것이다. 손님은 클럽을 받아들자마자 입에 담기도 불편한 욕을 퍼붓기 시작했다. 돈을 잃고 있는 자신의 처지가 마치 나 때문이라는 듯이 소리를 고래고래 지르며 본인의 클럽을 나에게 던졌다. 그런데도 화가 안 풀렸는지 나에게 손찌검까지 할 기세였지만, 당시 다른 손님들이 말린 덕에 그 사태까지는 벌어지지 않았다. 화난 손님은 본부에 연락해서 나 때문에 기분 망쳤으니 캐디를 바꿔달라고 아무렇지도 않게 요청했다. 진짜 아무것도 아닌 사람이 된 것 같았다.

---

* 티샷(tee-Shot)의 티(tee)는 공을 올려놓는 나무나 플라스틱을, 샷(shot)은 공을 클럽으로 때리는 행위를 말한다.

** 페어웨이(fair way)는 '정상적인 통로'라는 뜻을 가진 티에서 그린까지 구간의 중앙 부분에 있는 코스 대부분을 차지하는 곳이며, 쉽게 말해 잔디밭이다.

보통 고참들은 폭우가 엄청나게 쏟아지는 날이면 서로 일을 하지 않으려고 한다. 그래서 나 같은 신참들이 하기 마련인데, 다행히 마침 대기실에 있던 고참 언니 한 분이 내 상황을 듣고 수락해줘서 난 그 자리에서 차량을 타고 무사히 대기실까지 올 수 있었다. 당시 나는 눈물 한 방울 나오지 않았다. 그냥 아무 생각도 들지 않고 살얼음판의 2시간이 이제 끝났다는 안도감이 들며, 이제 아까 그 미친놈을 보지 않아도 된다는 생각에 마냥 좋았다.

또한, 항상 카트실에서 카트 청소도 도와주시던 골프장 경기실 대리님이 나를 데리러 와주셨기에 더 안심했던 것 같다. 다른 캐디 선배들에겐 무뚝뚝했지만 유독 나에게만은 정말 잘해주셨다. 어딘가 어리숙해 보이고 빠릿빠릿해야 하는 순간에 늘 어설픔과 긴장감이 가득한 모습에 답답해하던 다른 동료들과 달리 나를 안타깝게 생각하셨던 것 같다. 아무것도 아닌 일에 혼자 엉엉 울거나 터덜터덜 힘없이 퇴근하는 일이 많았는데, 그럴 때 우연히 대리님을 마주치면 다 그렇게 배우는 거라며 위로해주시고 큰 용기를 주셨다. 그렇게 늘 자기 역할을 한 뒤 따뜻한 뒷모습으로 유유히 걸어가던 대리님이 난 참 멋져 보였다.

대기실에 와서 젖은 옷을 벗고 샤워를 하며, '이제 마스터님이 부르시면 뭐라고 해야 하나' 생각하고 있던 차에 마스터님이 부르셨다.

"우주 씨. 아까 그 손님이 미안하다면서 우주 씨한테 20만 원 주라고 하네. 여기 받아."

그때쯤 그 사람은 자신의 분노가 사그라들어 내게 돈을 보냈을진 모르겠지만, 그 말을 듣고 다시 분노가 하늘로 솟구쳤다. 아까는 나를 그렇게 벌레 보듯 하더니 이깟 돈으로 생색을 내려 한다는 게 화가 났다. 마스터님이 그 팀은 현재 클럽하우스에서 곧 식사를 할 예정이라고 전해 듣자마자 나는 다 젖고 꾸깃꾸깃한 캐디복을 다시 입고, 클럽하우스로 올라갔다. 늘 클럽하우스 밑 퀴퀴한 냄새가 나는 대기실에만 있었던 나는 이곳에서 근무한 지 거의 1년 만에 클럽하우스에 처음 가봤다.

그곳의 여직원들은 나처럼 땀 냄새와 꼬질꼬질한 냄새에 절어 있지 않고 좋은 향기가 났다. 클럽하우스의 분위기에 순간 위축됐지만, 화가 치민 상태였기에 무턱대고 당차게 들어갔다. 나의 꼬질한 모습에 클럽하우스의 직원 한 명이 나를 막아섰지만 난 뿌리치고 들어가 눈을 크게 뜨고 그 미친놈을 찾아다녔다. 그리고 찾았다. 그 미친놈이 입에 먹음직스러운 스테이크를 집어넣고 있는 모습을. 난 그 앞으로 가서 20만 원이 든 봉투를 테이블에 고이 놓고 조금은 떨리지만 큰 소리로 말했다.

"오늘 죄송했습니다. 이 돈은 받지 않겠습니다."

말을 끝낸 후, 떨리는 가슴을 부여잡고 당차게 뒤돌았다. 그 테이블에 있는 사람들 모두 '얘 뭐야' 하는 표정이었고, 그들에게 그날의 일은 그저 아무 의미 없는 에피소드에 지나지 않을 걸 나도 잘 안다. 그래도 그날 속은 정말 시원했다. 후에 몇몇 동료들은 나의 행동을 이해하지 못했다. 어설픈 자존심이라며 비웃는 사람도 있었고, 어떤 이들은 창피하게 캐디 옷을 입고 클럽하우스에 들어갔다는 사실만으로 골프장의 기본적인 상도덕을 어겼다며 혀를 끌끌 차기도 했으니.

하지만 내겐 꽤 의미 있는 일이었다. 10년이 지난 지금 생각해도 그날의 나의 행동이 스스로에게 정말 멋지게 기억되니 그것만으로 충분하지 않은가. 이 사건은 내가 "앞으로 나도 보란 듯이 성공할 거고, 난 너처럼 약자를 그런 식으로 대하지 않을 거야, 인마. 알았냐?"라고 결심한 첫 순간이었다.

돌이켜 생각해보니, 그때의 그 마음들은 아마 내가 굉장히 약자여야만 느껴볼 수 있는 마음이었던 것 같고 내가 그런 결심을 할 수 있는 상황을 스스로 만들었다는 것이 대견스럽다. 그래서인지 지금까지도 철저히 을의 처지였던 경험으로, 을의 심정이 어떤지 가슴 속 깊이 말할 수 없는 모든 것들을 공감할 수 있는 듯하다. 그런 처지인 사람들을 마주할 때면 예전의 나를 보는 것만 같아 진심을 다해 위로해줄 수 있어 감사하고 행복하다.

누구나 한 번쯤은 살면서 '약자'의 입장이 되어보는 것은 굉장히 멋진 경험이라고 생각한다. 물론 결국은 그 상황을 벗어나 위로 치고 올라가야 하겠지만 말이다. '약자', '을'이었던 경험은 삶의 시야를 넓힐 수 있는 계기는 될 수 있지만, 그 생활을 지속한다면 사회의 어둠의 늪에서 절대 헤어나올 수 없을 것이다. 굳이 내 책에 남들에게 말해서 좋을 거 없는 일화를 말하는 이유도 여기에 있다.

'나처럼 당신도 늪에서 헤어나왔으면 좋겠다고'

○ 개뿔, 저에게 그 돈도 아깝잖아요

골프공에 맞아본 적 있는가? 골프공에 맞으면 그 탄성에 따라 고통의 차이가 꽤 크다. 보통 외상 직후에는 잘 모르지만, 그 후에 문제가 나타날 수도 있다. 보통 골프공에 맞으면 손님들이 그냥 치료비를 물어주거나 회사에서 산재 처리를 해줘야 하겠지만, 골프장마다 규정이 다르고 정식 근로자가 아닌 '특수 근무 직군'에 속하는 사람들은 전혀 보상을 받을 수 있는 체계가 아니었다. 아니면 원래 보상을 받을 수 있지만, 나의 어리숙함을 악용해 보상할 길이 없다고 구워삶았던 건 아니었나 싶은 생각이 이 글을 쓰며 스치듯 지나간다.

젊은 남성 손님에게 골프공을 맞은 어느 날이었다. 나에게 치료비를 협의해야 하니 연락처를 달라고 했다. 난 내 연락처를 알려주는 대신 손님의 명함을 받아 우리를 관리하던 마스터님에게 전달하고 정황을 말씀드렸다. 마스터님께서는 가끔 손님들과 캐디들의 사적인 만남이 골프장 내 문제로 불거질 때가 있는데, 이러한 나의 대처 방식에 대해 굉장히 칭찬해주셨다. 하지만 이 칭찬도 잠시. 그 회원이 연락처를 계속해서 강하게 요구했고, 사무실 측에서는 내 연락처를 알려주었다. 그 후 그 회원은 나에게 계속 만남을 요구할 뿐 합의금에 대한 말은 회피하려는 듯한 느낌을 받았다. 어린 나이였지만 그 정도의 낌새는 눈치챌 수 있었다.

"꼭 직접 만날 필요가 있을까요? 전 그냥 치료비랑 치료를 받으면서 일을 못 하게 된 것에 대한 3일 정도의 일급만 챙겨주시면 돼요."

"아 그건 당연히 챙겨주는데, 내가 미안해서 그래요. 정말 꼭 만나서 사과하고 싶습니다."

"괜찮습니다. 마음은 충분히 알았습니다. 그럼 치료비 등 보상에 관해서는 마스터님 통해서 받겠습니다. 이만 끊겠습니다."

내가 필요한 부분에 대한 것만 분명히 말하고는 그 사람의 연락을 받지 않았다. 그 후 마스터님을 통해 보상금을 받았는데, 그 사람은 정확히 내가 치료 받은 병원비 딱 그만큼만 입금했다. 보상을 해줘야 하는 3일의 일급은 포함돼있지 않았다. 직접 만나 간절히 사과하고 싶었던 사람의 성의가 고작 줘야 하는 돈도 다 주지 않는 것이라니. 정말 우습지 않은가? 나는 그때 또 한 번, 나의 그런 현실에 절망했다.

'개뿔. 그 돈도 아까우면서'

◯ 널브러진 소주병, 수면제, 퀭한 눈빛, 그리고…

마지막 사건은 골프장에서 같이 일했던 동료와의 이야기다. 당시 가장 가깝게 지내던 동갑내기 동료가 있었다. 풍요롭진 않았지만 부모님과 다른 가족들의 사랑을 많이 받고 자랐던 나와 달리 어린 시절부터 아버지의 잦은 외도로 인한 이혼, 단란주점 여성의 길로 빠진 친언니, 어머니의 알콜중독과 우울증을 본 이 친구에게 세상은 그냥 어두운 곳이었다. 그나마 이 친구에게 유일한 위로가 되어주었던 건 술과 PC방 게임뿐. 가끔 함께 있다 보면 갑자기 버럭 화를 낸 적도 있었지만, 어두운 상황에서도 늘 가족에 대해 애틋함을 가지고 있는 그 친구의 심성을 보고 나쁜 사람은 아니라고 생각했었다. 그래서 종종 밥도 함께 먹고 그럭저럭 잘 지냈다.

사람 촉이라는 것은 참 무섭다. 어느 날, 친구에게 일을 마치고 전화를 했는데 받지 않았다. 평소였으면 '그냥 안 받네' 하고 말았을 텐데 이상한 낌새가 느껴졌다. 그래서 리조트 바로 앞 원룸에서 살고 있던 친구 집으로 미친 듯이 달렸다. 부랴부랴 친구 집에 도착해 초인종을 막 눌렀지만 인기척이 없었다. 왠지 사람이 있는 것 같은 생각에 마음이 급했다. 난 바로 119에 전화를 했다. 맥주 한잔이라도 할 때면, 입버릇처럼 '죽고 싶어. 확 그냥 죽을까?'라고 이야기했던 친구의 말이 현실이 된 것 같은 직감에 사로잡혔다.

119 구급대원분들이 와도 인기척이 전혀 없자 구급대원 분들은 창문 너머 사람이 있는지를 확인하고는 이상한 낌새를 느끼셨는지 외부 베란다 쪽 창문을 타고 집 안에 들어갔다. 구급대원분들이 친구를 발견하고 구급차에 태우기 위해 부축하며 현관문을 열었는데, 예상은 했었지만 실제로 보니 더욱 충격적이었다. 10년이 지난 지금도 그때를 생각하면 가슴이 정말 조마조마하다. 앞으로 살면서 다신 보고 싶지 않은 광경이었다.

널브러진 소주병들, 수면제, 깨진 유리 거울,
약에 취해 퀭한 눈빛, 팔뚝에 있는 많은 칼자국.

하필 그날은 비가 정말 미친 듯이 내렸다. 놀랄 겨를도 없이 함께 구급차를 타고 시내에 있는 병원 응급실에 갔다. 가는 동안 그 친구의 어머님께 전화를 걸어 현재 상황을 설명하니, 친구 어머님은 나에게 본인이 올 때까지 곁을 지켜주길 바라셨고 나 또한 그건 당연한 도리라 생각했다. 어머님이 올 때까지 나는 응급실 바깥에 있었는데, 의사 선생님께서 다행히 약이 흡수가 안 되어 생명엔 전혀 지장이 없다고 했다. 팔에 흉터도 그리 깊지 않아 괜찮다고 말씀하시며, 불안 상태가 심한 것 같으니 장시간 안정이 필요하다고도 덧붙이셨다. 친구는 잠들어 있었기에 난 숨죽이며 밖에서 어머님이 올 때까지 기다리며 이런저런 생각에 빠져들었다.

'앞으로도 내 인생은 계속 이렇게 나에게 화내고 어둡고 무서운 상황들을 보며 살아야 하는 걸까? … 나도 좋은 사람들 속에 가서 훨훨 날아가는 삶을 살 순 없는 걸까?'

그런 생각에 빠진 채 시간이 흘러 친구의 어머님이 도착하셨다. 정중히 인사를 드리고는 병원 밖에 나와 참았던 눈물을 터뜨리고 말았다. 정말 소름이 끼칠 만큼 서럽게 많이 울었다. '엉엉' 하며 길거리를 배회했다. 이기적인 생각일 수 있지만, 친구에 대한 걱정보다는 나 자신이 서글프게 느껴져 그랬던 것 같다.

'나는 가족들에게서 사랑도 많이 받고 자랐으면서 대체 왜 자꾸 이상한 선택을 하고 사는 걸까?'

나는 오늘 겪은 일을 아무에게도 말할 수 없었다. 난 밤새 한숨

자지 못한 채 생각에 잠겨있다가 골프장을 그만두기로 결심했다. 어차피 일용직 노동자였으니 퇴사 처리 따윈 필요치 않았다. 그리고 그 친구와도 연락을 끊었다.

미안하긴 했지만 지금 와 생각해도 좋은 결정이라 생각한다. 사람을 만난다는 것은 그 사람의 인생이 오는 것이라는 말이 있다. 그 관계는 친구가 되었건, 애인이 되었건 혹은 스쳐 지나가는 우연이 되었건 간에 나는 사람을 만나는 일에는 신중하고 또 신중해야 한다는 가치관을 그때부터 정립할 수 있었다.

난 약 2년간의 골프 캐디 생활을 그냥 없던 일처럼 묻어두고 싶었다. 한 번도 상처받은 적 없던 사람처럼 그 어떤 사람에게도 나의 과거에 대해 말하고 싶지 않았다. 뭔가 하늘의 부름이라도 받은 듯, 골프 캐디 생활은 이제 내 인생의 종지부를 찍어야겠다는 확신이 들었다. 그렇게 바로, 난 또 두 번째 백수생활을 맞이했다.

누군가가 당신의 일상과 앞날을 어둡게 하는 것 같다면,

그 사람과 당장 멀어지세요.

가장 소중한 건, 무조건 당신입니다.

현재까지 온 가족 비밀인
'야간 대학생'

대학, 가긴 가야 하는구나!

○ 이제 희망으로 가득 찬 꿈을 그리며 살고 싶어

그렇게 내가 골프장을 그만둔 건 어느 여름과 가을 사이였는데, 한 2주 정도 쉬었을까? 갑자기 이제는 기존에 해왔던 일들 말고 대학 과정을 밟아 사람들에게 인정받을 수 있는 직업을 갖고 싶다는 생각이 들었다. '그 골프장 미친놈', '아무리 좋은 말을 해줘도 어둠의 늪에서 헤어나오지 못하는 친구'가 아닌 나도 좋은 사람들이 있는 곳에 가서 그들의 기운을 느껴보고 싶었다. 하루하루 어떤 손님이 왔느냐에 따라 내 하루가 결정되는 것이 아닌 나도 매일 희망으로 가득 찬 큰 꿈을 그리며 살아보고 싶었다.

　재수 시절의 목표가 '좋은 대학'에 입학하는 것이었다면, 이제는 '어디가 되었건 그냥 평범한 또래 친구들과 동일한 환경에서 꿈꿀 수 있는 곳'으로 바뀌고 나니 나에겐 학교 간판이 중요치 않아졌다. 대신 학과는 내가 원하는 것을 배울 수 있는 곳에 가고 싶었기에 '내가 정말 무엇을 원하고 있는가'에 대해 참 많은 고민을 했다.

　그러던 중 갑자기 나는 중학교 시절이 떠올랐다. 중학교 때 '간디학교'에 가고 싶었지만, 당시 간디학교는 교육청 비인가 교육시설로 대학에 입학하기 위해서는 검정고시를 치러야 했다. 그 점 때문에 부모님과 주변인의 끈질긴 반대 끝에 가지 못했던 것이 고등학교 재학 내내 늘 가슴 한편에 짙은 아쉬움이 남아있었다. 그때의 내 열정이 떠올랐고, 내 중학생 시절처럼 성장통을 겪고 있는 16살 소년, 소녀들을 위한 선생님이 되고 싶었다.

※ 간디학교란?

　경상남도 산청군 신안면 외송리에 있는 대안학교. 우리나라 대안학교 중 대표적인 학교다. 1997년에 작은 단층 돌집 계절학교로 시작하였으며, 1998년에 정식 학교로 독립했다. 간디정신에 따라 비폭력, 불복종 등을 중요한 가치로 두고, 사랑과 자발성의 교육으로 행복한 사람 기르기를 교육 목표로 한다.

소심한 성격이었지만, 늘 남들이 하는 일에 의문을 갖거나 혹은 사람들이 기피하는 것들을 '그게 왜?' 라는 생각으로 거침없이 뛰어들었던 나는, 왠지 대안학교를 찾은 아이들에게 진심으로 좋은 선생님이 될 수 있을 것만 같았다. 하지만 너무 늦게 알아본 걸까? 수능은 접수 기간이 끝난 상황이었고, 그나마 내신을 통해 입학할 수 있는 수시전형 추가 모집이 가능한 학교만이 몇 개 남아있었다. 당시 나는 학교를 가릴 상황은 아니었다.

주변인들에게 물어본 끝에 내 내신 성적에 '교육학과'는 어렵지만, 내가 하고 싶은 일과 결이 비슷한 '사회사업학과'는 진학 가능성이 있다는 이야기를 듣고 그 조언에 따라 모집 기간에 해당하는 '사회사업학과'에 모두 지원했다. 그리고 얼마 후, 당시 모 전문대학교의 사회사업학과 야간으로 입학하게 되었다. 하지만 부모님께는 한때 재수까지 했던 딸이 야간 대학에 입학한다는 소릴 들으면 싫어하실 게 뻔하였다. 그래서 2년 동안 나의 야간대학 생활은 나의 친언니와 친구들 외에는 아무도 몰랐다.

보통 야간 대학은 수업 시작이 저녁 6시 30분에 시작해서 밤 10시 정도가 돼야 마치는데, 부모님을 실망시키고 싶지 않아 2년 동안 정말 한 번도 들키지 않고 학교에 다녔다. 내가 가장 힘들었던 것은 밤 10시까지 수업을 듣느라 귀갓길이 늦어졌던 것인데, 늘 친구들과 놀다가 온 것처럼 거짓말을 해야만 했다. 밤늦게까지 수업 듣는 건 쉽지 않은 일이었지만, 마치 그 시간을 놀고 온 것처럼 시늉해야 하는 게 더 씁쓸하고 힘들게 느껴졌다. 야간 대학생인 것을 들키면 절대 안 되었기에 나는 매일 아침 7시가 되면 집에서 나와야만 했다. 그리고 수업이 시작되는 저녁 6시 30분까지 매일 무엇을 해야 할지 참 난감했고, 한동안은 방황도 했다.

그러다 우연히 찾게 된 곳이 '학교 도서관'이었다. 생전 동화 한 편도 끝까지 읽지 않았던 내가 처음으로 독서의 재미에 푹 빠지게 되었다. 책 읽기는 어렸을 때부터 습관이 안 되어 있으면 어려운 일이라고 생각하는 사람들도 있는데, 난 그 주장에 동의하지 않는다. 책 읽기도 자기 안의 목표만 명확히 있다면 언제 시작했든지 간에 독서를 습관화할 수 있다고 본다. 물론 어렸을 적부터 많은 독서를 했던 사람들과 문해력 면에서 차이가 조금 날 수 있겠지만, 세상을 살아가는 지혜를 갖는 방법에 책 읽는 것만 있는 건 아니지 않은가. 직접 맨몸으로 부딪혀본 경험을 한 후 거기에 책 읽기가 더해지면 더 깊이 있는 지혜를 터득할 수 있다고 생각한다.

그렇게 나의 야간 대학생 시절은 아침엔 학창 시절에 읽지 않았던 책을 읽고 저녁엔 수업을 들으며 생활한 덕에 평생 순위권이라곤 들어보지도 못했던 내가 장학금을 받으며 학교에 다닐 수 있었다. 하지만 졸업하기 전 한창 기말고사를 준비할 때쯤, 난 이대로 나의 학교생활을 끝마치면 안 되겠다는 생각이 불현듯 들었다.

난 뒤늦게 또, 부랴부랴 2학기 기말고사 기간 중 편입을 준비하게 되었다. 대학교 입학할 때도 막차를 타고 들어갔던 것처럼, 또 막차를 타고 편입 준비에 몰입했다.

3개월을 빠짝 준비했는데, 정말 신기한 건 토익시험을 준비한 적이 없던 내가 심지어 편입 학원에 다니지도 않은 채로 서점에서 구매한 책을 달달 외우고 기출문제를 풀었다는 것이다. 학원을 몰라서 다니지 않았던 게 아니고, 당시의 내 정신머리는 학원을 찾아볼 시간에 하루빨리 단어를 외우고 시험 문제를 풀어보는 것이 훨씬 중요하다고 생각했다. 그렇게 난 3개월의 철저한 준비 끝에 이번엔 서울에 있는 4년제 대학교 한 곳과 경기도 소재에 4년제 대학교 한 곳, 이렇게 두 군데에 합격을 했다.

두 학교 모두 원하는 학과였기에 지금 같으면 서울에 있는 학교에 갔겠지만, 당시엔 '학과'에 집착하고 있던 터라 경기도 소재의 한 대학교 교수진이 훨씬 좋다는 이야기를 듣고 과감히 서울에 있는 학교를 포기했다. 그렇게 나의 또 다른 변화가 시작되었다. 재수에서 학교 자퇴, 고졸 백수에서 전문대 야간 학생에서 4년제 대학까지 한 번에 갈 길을 정말 참 이렇게 돌고 돌아왔다.

역경의 시간을 경험 후
책을 통해 지혜를 얻은 사람들

1. 책으로 인생의 깨달음을 얻은 '강호동 대표님'

- 광고 대행사 및 요식업계 대표

- 유튜브 채널 '창업오빠' 운영

그는 어린 시절 홀어머니와 기초생활수급자로 살아왔으며, 평생 완치가 어려운 혈우병까지 앓게 되면서 늘 병원비 부담이 컸다고 한다. 어머니가 한 달 동안 일한 돈으로는 본인의 치료비 한 번도 감당하기 어렵다는 현실에 고등학생 때 돈을 벌기로 결심하고 과감히 자퇴를 감행했다. 자퇴 후 초반에는 아는 사람 하나 없는 서울로 상경해 노숙을 하기도 하며 힘든 나날들을 보냈지만, 평생 독서라곤 제대로 해본 적 없던 그가 우연히 읽게 된 헬렌 켈러의『사흘만 볼 수 있다면』이라는 책에서 인생의 큰 깨달음을 얻게 된다. 시각장애, 청각장애, 언어장에라는 삼중고를 극도의 인내심과 의지로 장애를 극복한 헬렌 켈러의 이야기는 그에게 의지만 있다면 인생에는 그 어떤 불가능도 없다는 믿음을 심어주었다고 한다.

2. 무자본 창업을 토대로 인생 역전을 이룬 '자청'

- 유튜브 채널 '라이프해커 자청' 운영
- 『역행자』의 저자

어린 시절 학벌도 스펙도 없었으나 은둔형 외톨이 시절을 회상하며 어떤 희망과 미래도 없는 삶을 살아갈 것이라 생각했다고 한다. 하지만 뒤늦게 시작한 독서는 그의 지식과 마인드를 송두리째 바꾸게 된 계기가 되었으며, 그가 성공시킨 무자본 창업 모두 그 밑바탕엔 독서에서 비롯되었다고 밝히고 있다. 성공하는 법은 책 속에 다 숨겨져 있으니 성공하고 싶다면 가장 중요하게 할 일은 '독서와 글쓰기'며 이는 변하지 않는 진리라고 강하게 주장한다.

3. 'MBC 아나운서' 타이틀을 버리고 책방 주인이 된 '김소영'

- 『진작 할 걸 그랬어』 저자

MBC 아나운서로 활발한 활동 이후, '1년 방송 출연 금지'로 인해 책을 읽으며 기다리는 일 외에는 아무것도 할 수 없었던 시기가 있었다고 한다. 이 시기를 그냥 보냈다가는 후회할지도 모르겠다는 생각에 그녀는 일본으로 책방 여행을 떠나게 된다. 인생이 어떻게 풀려가든 그 길에서 행복을 찾고 싶었다고. 그 후 마포구 합정동에 그녀의 첫 서점인 '당인리 책 발전소'를 시작으로 다양한 지역에서 책방을 운영하며, 현재는 다시 다양한 방송에도 출연 중이다.

25살 5개월 만에
워너비 직장 취업 성공한 왕따

드디어 나도 리즈 시절을 맞이하는 건가?

○ 부푼 꿈을 안고, 또다시 출발

대다수 편입생은 나처럼 기존의 환경이 마음에 들지 않아 학교를 옮긴 경우가 많다. 그렇기에 대체로 새로운 환경에서 좀 더 주체적으로 학교생활을 하고 싶어 하는데, 특히 기존의 학부생들에게 밀리지 않기 위해 그 안에서 많은 모임을 만들고 인맥을 형성하느라 바쁘다. 경기도 남부에 소재한 모 대학으로 편입했을 당시 나는 일반적인 편입생들의 행동과는 달리 주류에 속하기 위해 억지로 노력하는 것이 체질상 맞지 않아 마치 외톨이 같은 편입 생활을 하게 됐다. 마음이 동하는 사람을 만나면, 적극적으로 만남을 주선하긴 했지만, 어차피 항상 다수가 선택하는 길에서 반대되는 길의 선택을 해왔었기에 나에게는 그런 다수에 속하기 위한 몸부림은 무의미하게 느껴졌던 것 같다.

나는 자발적 왕따가 되기로 결심했다.

겉보기엔 외톨이었을지언정 혼자 학교 지하 식당에서 밥도 먹고, 햇살 좋은 날은 출석 체크만 하고 나와 공원 벤츠에 누워 낮잠도 잤다. 때로는 학교 가는 길에 갑자기 바다가 보고 싶어 학교를 째고 그나마 가까운 인천 앞바다에 가서 혼자 해물 칼국수 한 그릇에 자판기 커피까지 마시고 왔다. 또 어떤 날은 그래도 혼자 노는 게 심심해 절친네 학교에 놀러 가서 함께 친구의 동아리방에서 피자를 시켜먹기도 했다.

별다른 목적 없이 그때그때 마음이 움직이는 대로 행동했던 나였지만 내 머릿속 한구석엔 4학년 졸업 후, 앞으로 어떤 인생을 살아가는 것이 맞는지에 대한 고민이 가득했다. 보통 취업 준비를 하느라 한창 바쁜 시기인데, 나는 그때도 남들이 다 하는 토익 공부는 하지 않고 나 스스로 답을 찾기 위해 외부 협회 학생 기자단, 국제워크캠프기구 해외 봉사, 60일간의 유럽여행, 제주 자전거 일주, 취약계층 아동 멘토링 봉사 등 학교생활 빼고는 모두 열심히 했다.

하루는 여느 때와 다름없이 초코우유를 마시며 교내를 어물쩍거리며 거닐다가 학생지원센터에서 '장애 대학생 도우미 모집 공고'를 보게 되었다. 장애 대학생의 도우미 활동은 시각이나 청각에 장애가 있는 학생이 수업을 원활하게 들을 수 있도록 수업 시간 내내 노트북으로 대필을 해주거나 조별 활동에 지장이 없도록 다른 조원들과 소통을 돕는 일, 수업 시간 중 추가 궁금한 내용을 교수님께 질문해주는 일 등 전반적인 수업의 조력자 역할을 하는 것이었다. 학과 사무실과는 친하지 않았던 나였지만, 모집 공고문을 보자마자 왠지 보람된 일이라는 생각이 들어 바로 센터에 들어가 장애 대학생 도우미 활동에 지원했다. 얼마 지나지 않아 선정되었다는 연락을 받아 바로 활동하게 되었다.

내가 맡은 학생은 경영학과 1학년 청각 및 언어 장애가 있는 학생이었다. 나는 혹시 학생이 나에게 미안해하거나 의기소침해하면 어쩌나 우려가 됐다. 그래서 수업 시간 전에 학교 근처 카페에서 만나 준비해둔 공책과 펜으로 필담을 나눴다. 내 소개도 하고 가벼운 대화를 주고받으며 잠시 티타임을 가진 후 수업에 함께 참여했다. 하지만 예상과 달리 학생은 한 학기 내내 나보다 오히려 적극적으로 수업에 임했고, 내가 옆에서 대필하더라도 대필한 내용은 수업 시간 후에 확인하는 용도로만 보고 최대한 교수님과 다른 학생들의 입 모양을 보고 어떻게든 스스로 수업에 참여하려고 노력했다.

'창업오빠' 유튜버 채널을 운영하는 강호동 대표님이 헬렌 켈러의 책을 읽고 의지만 있다면 뭐든지 가능하다는 것을 깨달았다고 말한 것처럼, 1년 동안 장애 학생 도우미 활동을 하며 나는 그 말이 정말 사실이자 진리라는 것을 몸소 깨닫게 되었다.

인간은 누구든 의지만 있다면, 불가능은 없다.

나는 그 때 학생을 보며, 본인의 한계에도 불구하고 노력하여 자신의 삶을 좀 더 멋지게 꾸려보려는 사람들 그리고 그런 세상을 꿈꾸는 사람들을 위해 도움이 되는 직업을 가져야겠다고 다짐했다. 그게 무엇일지는 정확히 알 수 없었지만 분명 나는 비영리적인 일에 몸담는 것이 맞다고 생각했다. 그게 내 가슴을 뛰게 했다.

하지만 그렇다고 해서 어떤 회사가 나에게 맞는 것인지를 찾는 데까지는 꽤 오랜 시간이 걸렸다. 그렇게 시간이 흘러 졸업을 3개월 남겨두고 나에게 맞는 회사를 뒤늦게 찾았다. 이제 찾았으니 그것을 내 것으로 만들기 위한 실행만 하면 되는 문제였다. 다른 친구들보다 맞는 회사를 비교적 늦게 찾은 나는 그 회사에 입사하기 위해 다시 한번 결심했다.

"이 회사에 못 들어가면 나는 또 하염없이 방황해야 해. 그렇게 살긴 정말 싫어."

그 절실함을 안고 내가 원하는 회사에 입사하기 위한 시험 준비에 죽도록 몰입했다. 공부를 시작하기로 한 날부터 시험을 보는 날까지 정확히 5개월의 시간 동안 나는 휴대전화도 없이 집을 떠나 고시원에 들어갔다. 5개월을 미친 듯이 그 시험 하나만을 위해 달려왔다.

보통 공부할 때 아침을 먹어야 효율적이라고 하지만 난 아침을 먹으면 졸음이 와서 참을 수가 없어 아침은 걸렀다. 고기반찬을 먹으면 앉아있을 때 부대낌으로 집중력이 떨어지는 것 같아 주말에만 먹겠다는 철칙도 세웠다. 옷을 고민하는 시간이 아까워 매일 똑같은 추리닝만 입었다. 공부할 때는 스터디를 하는 것이 효과적이라는 조언을 들었지만, 사람들과 감정을 교류하는 에너지가 아까웠다. 그리고 스터디는 장기에는 효과적일지 몰라도 단기간의 성과를 위해선 오히려 독이라고 생각했다.

단기에 승패를 보기 위해선
오직 나 혼자서 해내는 것이 최고의 방법이라 여겼다.

그렇게 열심히 준비한 5개월의 시간이 끝나갈 때쯤, 맨 마지막 일주일을 남기고 누군가 도서관에서 전 과목 오답 노트가 든 내 가방을 훔쳐갔다. 하지만 그 도둑놈에게 내 실패를 전하기 싫다는 일념으로 무너진 멘탈을 다잡고 더 미친듯한 집중력을 발휘했다. 정말 절실한 마음으로 난 시험에 임했다. 시험을 치르고, 그냥 왠지 불길한 예감이 들어 발표까지 1개월의 남은 시간 동안 나는 연락도 잘 안 하던 사람들까지 불러내 술로 하루하루를 보내며 떨리는 시간을 견뎠다.

1개월 후, 나는 아주 우수한 성적으로 합격했다는 통보를 받게 되었다. 믿기지 않았다. 사람들이 다 지나다니는 상가 계단에서 엉엉 울었다. 나는 드디어, 20대 초반 사람들한테 무시 받는 사람이 아니라 제법 사회에서 인정해주는 안정적인 직업을 갖게 되었다. 정말 기뻤다. 나는 이제 내가 진짜 원하는 것을 찾았다고 생각했다.

"이제 취업하면 열심히 일하다가 결혼을 하는 거야. 그럼 정말 내 인생은 완벽할 거야. 꼭 그럴 거야!"

운명인 줄 알았던 남자와
결국, 파혼

●

사실, 좀 더 '당당한 삶'을 살고 싶었다.

○ 그래도 난 모든 게 좋았다

원하는 직장에 입사한 사람들이라면 공감하겠지만, 처음 몇 년 동안은 회사에 마냥 감사할 따름이었다. 그래서 나는 맡은 일을 정말 열심히 했고, 심지어 내 일이 아님에도 너무 열성을 쏟아 상사들에겐 인정을, 동료들에겐 시기와 질투를 받기도 했다.

'출근 시간 바쁘게 걸어가는 직장인들과 동행하는 나의 발걸음, 멋진 통유리 건물에 들어가 브런치와 유기농 포도 주스를 기다리는 점심시간, 퇴근 시간 이후 동료들과 함께 힙한 펍 안에서 수제 맥주를 마시며 뒷담화를 하는 일 그리고 야근을 할 때면 멋진 슈트를 차려입은 남자친구가 사람들의 시선에서 벗어난 구석진 카페에서 몰래 날 기다리는 모습'. 이런 삶이 내 일상되어가면서 나도 드디어 안정을 찾았고, 이런 안정감을 느끼려고 그 많은 과정을 겪어왔구나 하는 생각에 하루하루 그냥 감사했다. 내가 다니는 회사는 월급이 높은 직장은 아니었지만 '이만하면 어때, 난 충분히 행복한데!' 하는 생각에 나의 마음은 그야말로 충만했다.

대단한 걸 이룬 건 아니었지만, 그때는 나보다 못하다고 생각하는 사람들에게 '한 번도 상처받은 적 없던 사람'처럼 나를 엄청나게 뽐내고도 싶었던 것 같다. 20대 초반 공장에서 생산직 노동자로서 골프장에선 캐디 일을 하며 '나는 나보다 약한 사람한테 내가 예전에 당했던 것처럼 절대 그러지 말아야지'라고 다짐했던, 그리고 대학 시절 본인의 한계에도 불구하고 배움을 위해 열심히 살아가던 장애 학생을 보고 깨달았던 마음은 온데간데없어졌다. 긍정적인 마음가짐이 유지되기보다는 내가 무시 받았던 과거에 대한 보상심리가 작동한 게 아닐까 싶다. 나보다 못한 사람을 볼 때면 '노력하지 않아서'라고 생각했다. 5년 전의 나는 우물 안에 갇혀 자만심에 찬, 그야말로 미숙한 인간의 표상이었다.

그런 미숙한 인간이었던 나는 그럭저럭 직장에서는 성과를 인정받으며 한 5년 차쯤이 되어가던 30살 뜨거운 여름날, 당시 운명이라고 생각했던 동갑내기 남자와 진한 연애를 하게 되었다. 이런

저런 도전들은 많이 해왔고 소개팅을 하며 단기간에 여러 번의 만남을 시도해보기도 했지만, 의아하게도 난 서른 살이 될 때까지 남자에게 제대로 빠져본 경험이 없었다.

20대 초반 '잘못된 인연'이 초래한 나의 상처는 사람을 만나는 일에는 무조건 신중해야 한다 생각해서일까? 쉽사리 마음의 문을 열지 못했던 것 같다. 남자들이 성의를 다해 잘해줄 때면 '어디 꼬셔봐라. 내가 넘어가나' 이런 식이었고, 척 보니 나쁜 남자의 전형적인 습성이 포착되면 '내가 너 그럴 줄 알았다 이놈아. 어디 잘 웃어주는 여자가 얼마나 무서운지 너 한번 당해 봐라' 하며 모진 수단으로 혼쭐을 내주기도 했다.

하지만 내가 사랑했던 그 남자는 내가 아무리 밀어내려고 해도 신뢰 있는 행동과 자신감 넘치는 모습으로 내 마음을 몽땅 빼앗아갔다. 장미 가시처럼 뾰족했던 내 마음은 그냥 눈 녹듯 사르르 녹아내렸다. 혹시 누군가에게 마음이 가지 않아 걱정인 사람이라면 걱정할 것 없다. 마음이 동하는 사람은 살면서 반드시 몇 번씩 찾아오곤 하니까. 그동안 내가 이성과 가까워질 때쯤 일었던 불신의 마음이 전혀 들지 않았다. 나의 마음을 알았던 건지 모르겠지만, 그는 늘 정직함을 보여주려고 굉장히 노력했다.

난 오래 고민하는 것을 귀찮아하는 성격이라 뭐든 좋은 쪽이든 나쁜 쪽이든 결정을 빨리 내리고, 그 결과에 맞춰 대응하는 것을 좋아하는 타입이다. 그 성격은 결혼에까지 영향을 미쳤다. 만난지 10개월쯤 되었을 때, 처음으로 '이 사람과 결혼하면 어떨까?' 하는 생각에 빠지게 되었다. 그와 나는 결혼에 대해서 단 한 번도 이야기한 적 없었지만 남자 친구도 왠지 '나와의 결혼을 염두에 두고 진중하게 만나고 있구나'라는 것이 느껴졌을 때 더욱 확신하게 되었다.

다만 그 남자는 나처럼 어딘가 모를 소심함이 있었는데, 당시내 눈엔 아직 말할 용기가 없나 보다 하고 판단했었던 것 같다. 그래서 어느 추운 겨울날 10평 남짓 되는 작은 칼국수 집에서 프로포즈를 감행했다.

"너, 나랑 결혼할래? 너도 하고 싶지? 우리 집에 일단 인사하고, 그다음에 너희 집에 갔다가 상견례를 하고 날짜를 잡아 결혼하는 거야. 어때?"

그렇게 칼국수 집에서 남들 다 듣는데 나는 쫑알쫑알 떠들어댔다. '오늘 칼국수 먹다 꼭 말해야지' 했던 것은 아니었다. 단지 난 뭐든 준비를 해놓고 있다가 갑자기 마음속에서 '지금이야!!'라는 발동이 오면 저질러 버리곤 했는데, 갑자기 칼국수 집에서 그 부름이 왔다. 남자친구가 칼국수 면발을 삼키려던 그 순간 나의 갑작스러운 프로포즈에 남자친구는 면발을 제대로 삼키지도 못하고 동 공이 심하게 흔들리며 귓등까지 새빨개졌다.

"우주야. 일단 나가서 이야기하자"라며 내 손을 잡고 그는 서둘 러 나왔다. 그리고는 바로 옆에 있는 예쁜 디저트 카페에 갔는데, 그곳에서 그와 나는 커피와 케이크를 먹으며 야심 찬 결혼 프로젝 트의 시작을 논의했다. 덤으로 남자친구는 자신이 프로포즈하려 고 했는데 갑자기 칼국수 먹다 그런 말을 하면 어떡하느냐며 핀잔 을 줬다. 그렇게 우리는 갑자스레 칼국수 집에서 결혼을 약속하고 순서대로 절차를 이행해나갔다.

우리 집에 남자친구를 소개하고 남자친구 집에 소개를 가서 우린 모두 성공적인 승낙을 받았다. 우리의 밝은 장밋빛 인생이 펼 쳐질 것만 같은 기대감에 난 입사 초기 때처럼 하루하루 행복했 다. '난 정말 행복한 여자야'라며 자신했다. 하지만 그런 기쁨도 잠 시였다. 나는 상견례를 하자마자 우리의 계획에 조금씩 차질이 생 기고 있고, 더 생길 것임을 재빠르게 알아챘다. 삼대가 함께 평생 을 살아온 외동아들인 남자친구의 집안과 막내딸로 자유분방하게 살아온 나는 결혼 준비를 하며 많은 갈등을 겪었다. 그리고 시댁의 지원으로 결혼하는 것에는 많은 대가가 따른다는 것을 체감하게 되었다.

갈등과 마주할 때마다 숱한 눈물들로 밤을 지새우는 날들이 많아지면서 나는 조금씩 '이게 맞나?' 하는 의구심이 들기 시작했다. 그런 시간을 보내기를 몇 개월. 불안한 상황 속에서도 결혼식을 위한 절차들을 진행해나갔다. 그리고 나는 거의 모든 준비를 마치고 나서 결혼이 현실로 느껴질 때쯤, 예쁜 드레스를 입은 사진 속 내 모습이 전혀 예뻐 보이지 않았고 그와의 미래가 더는 기대되지 않았다. 직접 겪은 것은 아니었지만, 내 미래가 어떻게 될지 불 보듯 뻔할 것 같다는 생각이 들어 급기야 파혼을 선언했다.

실은 예비 시부모님을 뵐 때마다 나는 '결혼이란 서로 불타는 감정으로 하는 게 아니구나'라는 것을 여러 번 그리고 절실히 깨달은 것도 있었다. 결혼은 '집안과 집안이 만나는 것'이라는 옛 어르신들의 말씀이 무슨 말인지 충분히 공감됐다. 그리고 어느 날 나는 스스로에게 질문했다.

"우주야, 그의 가족까지 이제 나의 책임이라는 것을 인정할 수 있니? 이 선택에 넌 평생 책임질 자신이 정말 있는 거니?"

이 질문에 '그렇다'라고 자신 있게 대답할 수 없다면, 이 결혼을 감행하는 데 있어 조금이나마 망설여진다면 결혼을 중단해야겠다고 마음먹었다. 대답은, 예상처럼 한치에 망설임 없이 '그렇지 않다'에 무게가 실렸다. 난 그래서 내가 재빠르게 프로포즈를 했던 것과 마찬가지로, 헤어짐에 대한 확신이 든 이번에도 곧바로 행동에 옮겼다.

남자친구와 나는 서로 편도 100km 정도 떨어져 있는 집에 살았었다. 얼굴을 보면 말할 수 없을 것 같아 우선 전화로 헤어지자고 말했는데, 내가 전화로 이별을 고하자 이 친구는 우리 집에 1시간도 안 돼서 찾아왔다. 물론 그와 얼굴을 마주해도 이미 마음을 단단히 먹은 후여서 흔들리지 않고 결정을 번복하지 않을 자신은 있었다.

"나, 이대로는 안 되겠어. 정말 많이 생각해봤는데, 우리 헤어져야 할 것 같아. 너와 나는 책임져야 할 인생의 방향이 다른 사람들 같아. 결혼은 서로만 좋아서 되는 게 아니라는 말이 맞는 것 같아. 나는 아직 모든 것을 감당하기에 내 인생이 너무 소중한 것 같아. 정말 미안해 실망시켜서."

"네가 먼저 하자고 했잖아. 왜 그래? 너 되게 괜찮은 사람이라고 생각했는데, 너 이렇게 철없는 사람이었니? 우리 서로 가족들, 친척들, 동창들, 동네 친구들 다 봤잖아. 넌 체면도 없니? 다들 이렇게 하는 거야. 주변에 물어봐. 너처럼 생각하는 사람이 몇이나 되겠어?"

"응…. 그런데 있잖아. 나 하루하루 결혼식이 가까워질 때마다 숨이 막힐 것 같아."

"······알았다. 그런데 우주야, 너 다음 사람을 만날 땐 똑같은 실수하지 않길 바란다."

그날로 바로 끝은 아니었지만 결국 우리는 헤어졌다. 하지만 나는 내가 선택한 결과였기에 남들에게 내 슬픔과 아픔에 대해 도무지 말할 수가 없었다. 자존심 때문이 아니라 내가 파혼을 선택한 이유에 대해 주변 사람들에게 털어놓을 때면 가족을 포함해 그 어느 사람도 나의 선택을 지지해주지 않았다.

"야. 개처럼 너한테 잘해주는 사람 이제 30살 넘으면 만나기 힘들어. 다 그 정도는 하고 살아. 인생에 쉬운 게 어딨니? 다들 그러고 살아."

안 그래도 막상 헤어짐을 선포하고 나니 싱숭생숭해 죽겠는데, 이런 대답들을 가만히 듣고 있을 용기가 나지 않았다. 업무를 하다가도 모니터를 바라보며 갑자기 눈물을 흘리기 일쑤고, 어딜 가나 내 눈엔 예쁜 연인들만 보였다. 헤어짐에 대한 노랫말이 나올 때면 다 내 이야기 같았고, 해외여행을 가도 소용없었다. 내 눈엔 마치 온 세상이 예쁜 신혼부부들이 여행을 온 것처럼 느껴져 미칠 것 같았다. 그렇게 난 괴로운 1년을 보냈다. 소개팅을 숱하게 해보았지만, 집에 돌아오는 길에 나는 항상 마음 한구석이 헛헛했다.

그러던 어느 날, '아니, 내가 이렇게 어차피 소개팅하고 다닐 거면 굳이 파혼 왜 했어?' 하는 생각이 불현듯 스쳤다. 난 그날부터 한동안 내 학창시절을 시작으로 결혼을 결심한 순간부터 파혼에 이르기까지의 순간들을 떠올리며 '나는 어떤 사람일까?'라고 질문해보기 시작했다.

　　'내가 그때 왜 대학교를 1개월 다니고 자퇴했더라?'
　　'다른 아르바이트들도 많았는데 왜 굳이 힘든 아르바이트들을 선택했었지?'
　　'그 남자와는 왜 결혼을 하려고 했었지?'
　　'결혼을 준비하면서 내가 정말 참을 수 없던 상황들은 어떤 것이었지?'
　　'파혼을 결심했을 때, 주변 사람들의 이목은 신경 쓰이지 않았어?'

　　그렇게 최대한 내가 살아온 날들 중 결심의 순간들이나 내가 힘들었던 순간들을 계속해서 곱씹었다. 여전히 나는 어떤 사람인가에 대해 끊임없이 탐색 중이지만, 나 스스로 내린 결론은 '나란 사람은 남의 이목에 관해서는 보통의 사람들에 비해 조금은 자유로우며 무엇보다 나를 중요하게 생각하는 사람이다'라는 결론에 이를 수 있었다.

그 무엇이든 나 스스로가 확신을 가져야만 행동하는 사람이었다. 결혼을 결심했을 때를 되짚어보니, 나는 나도 모르는 사이 '여자 서른엔 결혼해야지' 그리고 '부잣집에 시집간 여자'라 소리를 듣고 싶었던 것 같았다. 내 솔직한 속내를 인정하니 '이건 아니야. 내 자신에게도, 그 사람에게도 이건 아니야'라고 결정을 번복할 수 있었다. 그 사람과의 결혼이 정말 내가 온전히 확신했던 일이라면 나라는 사람은 분명 다른 사람들이 다 반대하더라도 오직 내 판단을 믿고 이를 실행해나갔을 것이기 때문이었다.

오히려 당시 상황은 내 가족을 포함한 모든 사람이 내 결혼을 진심으로 축하해줬지만, 결혼과 그 남자에 대한 나 스스로 확신이 부족했다. 그렇기에 오히려 모두가 괜찮다고 해도 내가 괜찮지 않았다. 그래서 그 길을 갈 수가 없었다. 그제야 나는 완전히 내 선택에 후회와 자책감에서 벗어날 수 있었고, 더 멋진 나를 위한 터닝 포인트를 만들어야겠다고 다짐했다.

그래. 우주야. 잘한 선택이야.

너답게 남들의 인생 속도에 맞추지 말고,

다시 한번 시작해보는 거야. 그게 무엇이든 간에.

◯ 대학원에 들어가서 '돈'이 얼마나 중요한지 알게 되다

부푼 꿈을 안고 대학원에 입학했다. 하지만 대학원에 입학한 지 얼마 지나지 않아 공부로 월등히 재능이 있지 않은 한 절대 내 인생은 나아질 수 없겠다는 확신이 들었다. 과제를 조금 잘했다고 해서, 혹은 칭찬을 한 번 들었다 해서, 그리고 시험을 잘 봤다고 해서 내 일상은 조금도 달라지지 않았다. 달라지는 것은 그저 갈수록 쪼그라드는 나의 월급 통장뿐이었다.

세상은 나보다 잘난 사람 투성이었다. 그 사람들을 넘어설 자신이 없었다. 그래서 어느 날, 스스로에게 물었다.

"이대로는 월급이 너무 적은데, 대체 언제까지 자기계발만 하면서 돈을 쓰고 다닐 거야?"

주변 사람들도 마찬가지였다.

"우주야, 너 이제 직장생활 7년 차야. 이제 너도 재테크를 좀 해야 하지 않겠니?"

마냥 답답했다. 줄곧 대학 시절부터 '돈'과는 관련 없는 일에만 관심을 두고 살았던 나는 재테크라는 말이 멀게만 느껴졌다. 나는 돈 버는 일에는 소질이 없는 사람 같다고 스스로 한계를 그었다. 하지만 '어쩌면 나도 나중엔 돈이 많은 부자로 살 수도 있지 않을까?' 하는 기대감이 아예 없었던 건 아니다. 그래서 고민 끝에, 일단 늘 내가 살아왔던 방식처럼 지금 당장 할 수 있는 일부터 시도해보기로 마음먹었다.

그 시작은 경제 분야의 책을 읽는 것이었다. 하지만 서점에 가니 경제 분야 책이 어찌나 많던지. 경제 원리부터 배워야 할지, 무작정 재테크 책부터 봐야 할지 그리고 재테크면 부동산 분야부터 읽어야 하는지, 주식으로 돈 번 이야기부터 읽어야 하는지 모든 것이 막막했다. 신문을 읽을 때조차 경제 분야는 제쳐놓고 읽었던 나였기에 경제를 알지 못하는, 말 그대로 완전히 '경알못'이었다.

그러던 어느 날 경복궁역 서촌마을 한명숙 전 총리님의 남편 분이 책방 지기로 있는 '길담서원'이라는 작은 서점에 가게 되었다. 그곳에서 <청년들을 위한 경제 독서 모임>을 모집한다는 글을 보게 되었다. 나는 모집 글을 보자마자 '오! 이거야! 이거부터 해보는 거야!'하는 마음으로 바로 신청을 했고 모임에 참석했다. 내 예상과는 달리 정말 나처럼 경제를 모르는 분들이 아니라 대부분의 모임원들이 경제 분야를 업(경제부 기자, 펀드매니저, 은행 직원, 경제정책 수립 등)으로 하고 있었다. 나는 위축이 됐다.

다른 사람에게 피해 끼치는 것을 정말 싫어하는 내 성격상, '이런 모임에 참석해도 되나?', '이분들에게 민폐 끼치는 것 아닌가?', '혹시 내가 알아서 나가주길 바라진 않을까?' 하는 생각까지 들었다. 하지만 내 우려와는 반대로 경제를 업으로 하지 않는 일반인이 재테크가 아닌 '경제'를 이해하기 위해 독서 모임에 참여한다는 사실 자체만으로 나를 굉장히 존중해주셨다. 난 그런 마음 좋은 분들이 있어 적극적으로 독서 모임에 참여하며 많은 것들을 배울 수 있었고, 독서뿐 아니라 독서 모임 회기마다 중요한 경제 이슈들에 대한 깊은 토론을 통해 경제를 바라보는 나만의 인사이트도 갖출 수 있게 되었다.

이제는 시간이 흘러 모임 인원이 많이 바뀌긴 했지만, 난 아직도 그 독서 모임에 참여 중이며 올해로 벌써 5년째를 맞이하였다. 그제야 나는 '자본주의 시스템이 어떻게 돌아가는지, 유동성으로 인한 자산 인플레이션이 왜 일어나는지, 정부는 인플레이션이 일어나면 어떤 방법으로 통화량을 조절하는지, 왜 부동산 가격을 잡겠다고 하면서 부동산 경기가 죽으면 이를 살리기 위해 각종 규제 완화책을 내놓는 것인지, 대출은 위험할 수 있지만 어떤 채무도 지지 않는 것 또한 개인의 삶에 얼마나 위험한지' 등 자본주의 사회에서 각 경제 주체별의 기능과 역할을 이해할 수 있었다.

하지만 난 자본주의 시스템에 대한 이해가 깊어진 후에는 더는 책 읽기만 하는 것은 내게 의미가 없다는 생각이 들었다. 꼭 내가 부자가 되려고 결심하는 것이 아니더라도 자본주의에서 나를 지키기 위해서는 자본 소득에 대한 관심과 투자는 필수라는 것을 깨닫게 되었다.

절대 자본이 상승하는 속도를 근로소득이 따라갈 수 없으며, 이 일은 영원히 그렇다는 것을 알게 된다. 돈 좀 벌어본 어른들이 왜 매번 '월급쟁이들이 무슨 돈이 있어? 월급만 갖고는 절대 부자는커녕 노후 준비도 못 해'하는 말의 의미가 무엇인지 이제야 짐작이 가기 시작했다. 그동안은 그런 이야기들이 뜬구름 잡는 이야기라고 생각했었는데, 그것은 뜬구름 잡는 이야기가 아니라 단지 내가 너무 무지했기에 알아먹지 못했던 것이었다.

부동산, 주식, 코인, 사업 그 무엇이 되었건 자본주의에서 살아남기 위해선 나의 노동 소득이 아닌 '돈이 돈을 버는 자산 시스템 구축'은 필수임에 확신했다. 그동안 '난 돈보다 중요한 가치는 세상에 많다고 생각해. 돈을 좇으며 살지 않을 거야'라는 나의 믿음에 세게 금이 갔다. 알고 보니 돈은 멀리할 대상이 아니라 오히려 내가 지키고 싶은 소중한 가치를 지키기 위해선 더욱 관심과 애정을 갖고 바라봐야 할 대상이었다.

그 후 나는 '회사 월급 말고 어떤 것에 투자해야 할까?'라는 생각을 시작으로 투자에 대해 구체적으로 찾아보기 시작했고, 신문에는 당시 수도권 집값이 하루가 다르게 몇천만 원씩 가파르게 상승하고 있다는 기사가 연이어 보도되고 있었다.

일단 지르고 보자!
나의 '첫 집'

생각과 행동은 다르다.

○ 나도 부동산 투자 가능하지 않을까?

'평범한 사람'의 성공이야기를 책을 통해 만나다.

지금으로부터 4년 전인 2018년 8월, 우연히 간 도서관 경제 코너에서 나는 현재 렘군 님의 『당신에겐 집이 필요하다』* 라는 책을 집어 들었고, 순식간에 떨리는 마음으로 책을 읽어내려갔다.

이 책은 초등학교 졸업인 부모님 밑에서 자란 흙수저이자 지방 대학을 졸업한 평범한 엔지니어 회사원이 신혼집으로 구한 첫

＊　렘군, 베리북, 2017.

전셋집에서 악덕한 임대인을 만나고, 그 일이 계기가 되어 신용대출 5,000만 원을 시작으로 부동산 투자를 시작해 퇴사 후 경제적 자유를 이루게 된 내용의 투자 서적이었다.

당시 나는 이런 자수성가 스토리를 본 적이 처음이었고, 작가의 히스토리를 보고 내 상황은 책의 주인공보다는 낫다고 생각했다. 거기에 더해 '와 나도 정말 열심히 하면 이렇게 될 수 있는 건가?' 하는 기대감에 한껏 들떴다.

『당신에겐 집이 필요하다』라는 책에서 제시하는 투자법은 투자 대상을 내가 알고 있는 지역만이 아닌 지방 소도시를 포함한 전국으로 선정하여 저평가 지역을 찾아 전세금이라는 무이자 레버리지와 대출을 활용한 아파트 투자 방식이었다.

경제 독서 모임을 하며 자본주의는 신용 창출로 돌아가는 법이기에 돈의 양은 계속해서 많아져 인플레이션이 일어나고, 지역별 매매가격지수를 보면 항상 단기간의 조정이나 하락은 있을 수 있어도 결국 장기적으로는 우상향하고 있다는 것을 알았다. 일시적 수요와 공급의 불균형, 사람들의 심리 상태에 따라 집값의 조정은 있을 수 있어도 장기적으로는 집을 소유하는 것이 무조건 이기는 게임이라는 것에 확신이 생겼다. 또한, 책에는 저자가 구체적으로 어떻게 투자했는지 상세한 방법이 제시되어 있기 때문에 그저 책에 나온 대로 따라만 해도 경제적으로 자유까진 아니어도 여유까진 충분히 누릴 수 있어 보였다.

책을 다 읽고 나서는 이 사람을 당장 만나고 싶었다. 이 사람 말이 정말인지, 이 사람은 정말 존재하는 것이 맞는지 내 두 눈과 양쪽 귀로 빨리 확인해보고 싶었다.

'정말일까?

나도 이 사람처럼 하면 부자가 될 수 있을까?'

나는 바로 그 책의 주인공을 검색해보았고, 운명 같게도 그분이 하는 강의가 서울 모 대학교의 평생교육 강좌로 열리고 있어 그를 가까운 시일 내에 만날 수 있었다.

실제로 강의장에서 만난 강사는 내가 평소 생각하던 으리으리한 부자의 모습이 아니라 책에서 만났던 정말 평범한 30대 후반의 남자였기에 나는 더욱더 '평범한 사람도 정말 누구나 부자가 될 수 있다'는 확신을 하게 되었다.

머리로는 이 수업이 정말 도움되는 수업이라는 것은 알았지만, '부동산'이라는 재화가 나의 관심 영역이 될 수도 있다는 것을 당시 처음 경험해본 터라 '입지 분양권 프리미엄'과 같은 기본적인 단어들조차 내게는 생소했다. 나름대로 경제 독서 모임을 하며 읽었던 많은 책과는 별개로, 이것은 또 다른 세계였다.

내가 할 수 있는 일은 그저 '익숙해질 때까지 하면 괜찮을 거야'라고 믿는 일뿐이었다. 그 믿음으로 나는 계속해서 실행해나갔다. 수업에서 그가 주목해서 봐야 할 지역이라고 하면 빠짐없이 평일 저녁에, 회사 연차와 주말을 활용해 직접 가보았다. 나의 직장은 서울, 집은 경기도였지만 서울, 대전, 세종, 동탄 등 단기간에 많은 곳을 가보았다. 지금 생각해보면 효과적인 방법은 아니었지만 궁금해만 하느니 직접 발로 밟아보는 것이 낫다고 생각했다.

회사 업무를 보거나 대학원 수업과 과제를 하면서도 부동산 생각이 뇌를 온통 지배했다. 내 머릿속에서는 '어떤 지역을 선정해야 하지?', '매물은 어떻게 확인하는 게 좋지?', '부동산 소장님이랑 대화를 자연스럽게 하려면 어떻게 해야 하지?', '대출을 잘 일으키려면 어떻게 해야 하지?', '은행 직원이랑은 어떻게 말을 하는 게 호감일까?' … 하는 생각으로 가득했다.

부동산 수업이 종료 후에도 3개월간 그가 알려준 방법대로 계속해서 지역에 대해 공부하고 현장에도 직접 가보았지만 거래 경험 자체가 없으니 감이 오지 않았다.

그때 결심했다. 지금까지 내가 살아왔던 방식대로 부동산 투자도 일단 먼저 한번 해보자고 말이다. 이렇게 결심은 했지만, 막상 실거주할 집 한 채 사본 적 없는 사람이 투자부터 실행하는 것은 심리적 장벽이 마냥 높게만 느껴졌다. 결국 난 생각을 조금 바꾸기로 했다. 나중에 내가 직접 들어가 살아도 되는 실거주 집 한 채를 미리 사둔다는 관점으로 접근해 구체적으로 계획을 잡았다. 아직 집을 마련하지 않은 3040세대라면 시장 분위기에 상관없이 우선 살 집은 한 채는 무조건 먼저 준비하는 게 맞지 않을까 싶었다.

집을 사도 되는 시기와 사지 말아야 하는 시기는 없다. 부동산 거래의 특징은 아무리 정보가 개방돼있다 하더라도 개별성이 강하기 때문에 매도자의 각기 다른 사정으로 무조건 시장이 뜨겁든, 차갑든 급매물이 나오기 마련이기에 내가 사고 싶은 집, 내가 살고 싶은 집을 구체적으로 정하고 매물을 수시로 확인하는 것이 가장 중요한 일이다.

집을 살 타이밍을 맞추려고 접근하는 사람치고 집을 산 사람은 거의 없다. 사실 집을 살 타이밍이란 없다. 매매할 집을 현재 비싼 값에 사느냐, 싼값에 사느냐를 아는 것이 훨씬 중요하다. 아니, 이것만 알아도 된다. 내가 나중에 살 실거주 집을 먼저 사놓는다는 개념으로 접근하고 구체적으로 계획을 잡기 시작했다. 무주택자 중 집을 살지 말지 고민하는 사람이라면 내가 한 순서대로 따라 해보기를 추천한다.

○ 첫째, 일단 본인만의 기준을 명확히 정하기

나의 투자금과 부동산 가격에 영향을 미치는 4가지

본인만의 기준을 선정하는 것이 매우 중요하다. 기준이 없으면 그 어떤 일이든 방황하기 마련이다. 내가 세운 기준은 부동산 가격에 영향을 미치는 4가지 요소인 '교통, 학군, 일자리, 환경'에 기반한 것이며, 그에 대한 세부 기준은 아래와 같다.

1. 투자금 1억 3,500만 원 이내
2. 경기도면서 강남이나 광화문까지 1시간 내로 이동 가능할 것
3. 역세권(역과 1km 이내)
4. 대단지(1,000세대 이상), 1군 브랜드 아파트(예: 자이, 래미안, 힐 스테이트, 롯데캐슬, 푸르지오 등)
5. 준공 3년 이내 신축 아파트 혹은 분양권
6. 규제 지역이 아닐 것(대출 규제의 영향을 받지 않기 위함)
7. 선호하는 학군, 상권 및 학원가 인프라가 잘 갖춰져 있을 것
8. 교통 호재가 있을 것

○ **둘째, 나의 가용 자금과 기금 대출을 알아보자**

당장 현금화할 수 있는 '돈'은 무엇이 있을까?

종잣돈, 가능한 신용대출 금액, 주식, 코인 등 묻어둔 돈이나 보험 해약 환급금 등 당장 현금화할 수 있는 돈을 구체적으로 찾아보는 것이다. 나에게는 종잣돈 5,000만 원, 주식 매도금액 500만 원, 신용대출 8,000만 원 총 1억 3,500만 원이라는 가용 자금이 파악되었다. 특히 무주택 가구가 대출을 일으켜 집을 매수할 때는 한국주택금융공사* 또는 주택도시기금**에서 운영하는 정책 모기지론인 '보금자리론'과 '디딤돌대출' 자격에 본인이 해당하는지 전화 상담을 통해 확인해보는 것이 좋다.

보금자리론과 디딤돌 대출의 가장 큰 장점은 서민 모기지론 상품으로 금리 우대와 일반 주택담보대출에서는 없는 상환 방식인 '체증식 상환 방식'***이 있기 때문인데, 홈페이지상의 대출 자격을 확인할 수 있지만, 가구와 자녀, 지역에 따라 달라지는 부분들

---

* 준정부기관으로 보금자리론을 포함한 적격대출 공급 등 서민의 주택금융상품들을 주로 제공하는 역할을 수행하는 곳이다.(https://www.hf.go.kr)

** 국민주택채권, 청약저축 등의 기금으로 주택구입자금, 주택전세자금 등을 조성 및 운용하는 기관이다.(https://nhuf.molit.go.kr/)

*** 초기 상환액이 적고 기간이 경과됨에 따라 점차 상환액이 증가하는 방식으로, 초기에 소득이 적고 나이가 들면서 소득이 많아지는 젊은 사람에게 적합한 상환 방식.

이 있어 콜센터 활용을 통한 개별 상담을 추천한다.

○ **셋째, 자금 안에서 구매 가능 지역을 구체적으로 추려보자**

주요 일자리 접근성이 좋은 곳 중심으로 찾아보자.

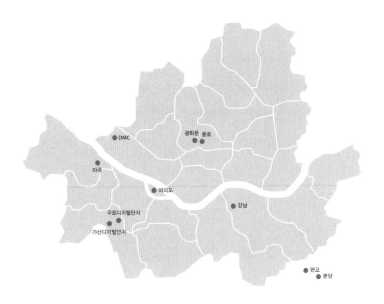

가능한 많은 지역을 보는 것이 좋지만, 처음부터 너무 많은 지역을 보려고 하면 오히려 혼란스러울 수 있다. 보는 기준을 '내가 나중에 들어가 살아도 부담 없는 지역'으로 우선 선정하는 방법을 추천한다(물론 본인 스스로 어느 지역이건 상관없다는 배짱이 두둑한 사람이

라면 상관없다).

하지만 2022년 하반기 이후에는 원래 가격 차가 많이 나야 하는 지역 간에도 급매 및 시세 하락 등으로 그 가격 차가 크지 않을 수 있다. 그렇기에 스스로 '진입이 불가능'하다고 생각한 지역이 있었다면 그 지역들도 눈여겨보길 바란다. 생각지도 못했던 좋은 기회를 만날 수도 있지 않은가.

나는 '네이버 부동산'에서 매물 검색 기능 중 '가격대'에서 '가격의 상한선'을 정해놓고, 비싼 지역부터 비싸지 않은 지역까지 천천히 살펴봤다. 비싼 지역부터 비싸지 않은 지역의 기준을 잡기 어렵다면, 쉽게 생각해서 수도권을 기준으로는 '강남' 접근성, 즉 어떤 지역이 '강남'으로 얼마나 빨리 진입할 수 있는지를 확인해보면 지역 간 가격 서열을 확인할 수 있다.

출처: 네이버 부동산

당시 나는 직장이 서울이었기 때문에 1시간 이내로 서울 출퇴근이 가능한 경기 남부 지역으로 추렸다. 1시간 이내 서울 출퇴근이 가능한 지역에 어느 도시가 있는지는 '네이버 지도'나 '카카오맵'을 활용해 지도에서 확인 가능하다. 본인이 원래 거주하고 있는 곳 외에는 다른 지역을 모르는 경우가 많기 때문에 지도를 보고 구체적으로 아파트 가격들을 살펴보면 경기도 내에서도 아파트 가격이 왜 이렇게 천차만별인지가 저절로 이해가 될 것이다.

가령 과천을 예를 들어보겠다. 과천에서 가장 비싼 대장아파트인 과천푸르지오써밋(2020년, 1,571세대) 34평 기준 20억 원(2022년 6월 실거래가 기준)이 넘는다. 평당 6,000만 원이 넘는 것인데, 이 가격은 서울의 강북권역보다 비싸다는 말이다. 이유가 무엇일까? 과천은 이 지역 자체만으로도 우수한 정주 여건을 갖추고 있는 점도 있지만, 행정구역상으로는 경기도라 하더라도 우리나라에서 교통, 환경, 일자리 등 높은 집값 형성에 조건을 잘 갖추고 있는 강남과 가까운 곳이기 때문이다. 수도권의 집값 기준이 헷갈린다면 간단한 방법으로는 '강남 접근성'을 따져 보는 것으로 추측할 수 있다. 이때 '네이버 길찾기'를 활용해보자. '강남역 → 과천역' 지하철 기준 소요시간 23분, '강남역 → 미아사거리역' 50분 그리고 미아사거리역 인근 성북구 길음동에 있는 래미안길음센터피스아파트(2019년, 2,352세대)의 가격을 확인해보면 35평 15억 원(2022년 5월 실거래가 기준)이다.

이렇게 행정구역만 놓고 막연히 생각하는 것보다 지도를 놓고 같은 돈이라면 어디를 사는 것이 좋을까 계속 고민해보는 연습이 필요하다.

○ 넷째, 추려진 지역 중 '가장 좋은 지역의 급매'를 찾아보자

상승장엔 매수 시점 덜 오른 곳을! 조정장엔 상급지의 급매를!

시장이 상승하고 있을 때는 영향을 주고받는 도시 중 오르지 않은 지역을 찾는 것이 유용한 방법이고, 시장의 하락기에는 입지 순서를 익히고 최대한 상급지에 '급매' 물건을 노려야 한다. 내가 첫 투자를 고민했던 2018년 하반기는 상승기였기에 위에 언급한 과천의 집값을 보고 깜짝 놀라 과천을 중심으로 따라 내려와 내가 살수 있는 지역을 추려본 결과 경기도 수원의 집값이 가장 저렴했다. 부동산은 입지별 가격의 위계질서가 있고, 한 곳이 오르면 인근 지역도 함께 시세에 영향을 받게 되어 있다. 마치 산불처럼 말이다.

당시 경기 남부에 있는 의왕, 안양, 용인 모든 곳의 신축 아파트나 분양권은 이미 내가 범접할 수 있는 금액이 아니었으나 유일하게 수원만 아직 오르지 않았었다. 그때 참 신기하다는 생각을 했다. '여기는 사람들이 살기 좋은 편의시설을 갖추고 있고, 역세권에 호재도 이렇게나 많은데 왜 이 가격이지?' 하며 말이다. 이것은 비단 수도권만이 아니라 지방도 해당한다. 한 시도 단위에서 인구 수와 일자리가 많은 도시의 시세가 오르면 보통 같은 원리로 인구 수와 일자리가 많은 순부터 차례로 시세에 영향을 받는데, 예를 들어 경남은 창원을 주축으로 김해, 양산, 진주, 거제, 통영이 영향을 받고, 전북은 전주를 주축으로 군산, 익산, 김제에도 시세 영향을 주고받는 것이다. 하지만 인구수와 일자리의 영향도 지방의 경우 절대적이라기보다는 최고가 시세를 수요층이 얼마까지 받쳐주느냐가 관건이다.

○ 다섯째, 내 눈으로 직접 보고 판단하기

손품을 통해 조사하고 직접 현장에 가서 확신하기

본인이 마련한 기준에 해당하는 지역과 매물들이 확인되면 이제 재빨리 현장에 가보는 것이다. 먼저 현장에 가보는 것을 추천하는 사람들도 있는데, 개인적인 견해로는 여행도 아무 계획 없이 갔다가는 그 지역에 명소가 어딘지, 숨어있는 포토 스팟은 어디인지, 찐 맛집은 어디인지 알 수 없듯 부동산도 마찬가지다. 그렇기에 인터넷에서 조사할 수 있는 것들은 최대한 조사를 한 후에 현장에 나가는 것이 좋다.

인터넷으로 지역과 그 지역의 부동산 정보를 파악하는 손품을 팔고, 본인이 손품 팔아 얻은 정보들이 실제 현장에 갔을 때도 맞는지 직접 방문하여 발로 느껴봐야 한다. 역과의 거리, 역 말고 다른 대중교통은 어떻게 이용하는지, 편의시설은 잘 갖추어져 있는지, 초·중·고등학교는 인접해있는지, 학원가는 잘 형성되어있는지, 거주민들이 산책하거나 운동할 수 있는 공원들은 있는지, 아플 때 바로 갈 수 있는 병원들은 있는지 등 '내가 살 때 불편함이 없을까?'라는 시선으로 동네를 걸으며 온몸으로 경험해보는 것이다.

○ 여섯째, 손품과 발품을 팔아 얻은 정보와 느낌을 종합해 부동산 중개소 방문하기

부동산 중개소는 최대한 많이! 사전 예약은 필수!

여기서 또 한 가지 중요한 사항은 부동산 중개소에 갈 때 무작정 가는 것이 아니라 반드시 어느 정도는 조사된 상태로 가야 한다는 것이다. 우리가 부동산 중개소에 가는 이유는 내가 손품과 발품을 팔았던 정보만으로는 확인이 어려운 정보를 조사해보고 이 지역 사람들의 특성은 어떤지도 들어보며, 최종적으로는 '매매 거래'를 하기 위함이다. 즉, 내가 철저한 준비를 통해 의미 있는 좋은 질문을 중개소 소장님께 해야 유용한 답변을 들을 수 있다.

하지만 준비를 철저히 해갔다고 해서 잘난 척하는 것은 금물임을 명심해라. 부동산 소장님은 한곳에서 보통 10년은 넘게 거주하고, 많은 사람과 거래를 해본 분이기 때문에 내가 이 지역을 충분히 조사했다는 성의 있는 태도는 좋지만, 소장님이 하시는 말씀을 가로막고 아는 척하는 것은 현명하지 못한 태도다. 개인적으로는 '어설프게 알면서 무조건 깎으려고 하는 헛똑똑 콘셉트'보다 차라리 '돈 많은 호구 콘셉트'가 좋은 매물을 더 많이 소개받을 수 있다고 생각한다. 그다음 매물 인근 부동산 중개소에 들어가 손품과 발품 팔았던 정보에 대해 하나씩 소장님께 물어보는 것이다.

"소장님~ 요즘 매매 거래는 잘되나요? 요즘 매수 문의는 많은가요? 보통 이 지역 분들은 어느 쪽으로 출퇴근을 많이 하나요? 아이 키우는 분들은 주로 어느 학교를 더 선호하나요? 여기 학원가는 사람들이 선호하는 학원가인가요?" 등 조사했던 내용을 수다 떨 듯이 물어보는 것이다.

여기서 중요한 것은 '인터넷에서는 알 수 없었던 매물의 정보를 확인'하는 것이다. 보통 정말 저렴하게 나온 좋은 물건은 네이버 부동산에 올라와 있지 않은 경우가 많고, 매수 의사를 강력히 어필한 사람들에게 우선으로 연락하여 거래되기 때문에 내가 방문한 소장님만 가진 저렴한 매물이 있는지를 확인해야 한다.

그러면 한 부동산에만 가는 것이 맞겠는가? 아니면 최대한 많은 부동산에 가봐야겠는가? 맞다. 어떤 매물이 있을지 모르는 것이기 때문에 보물을 찾는다는 생각으로 많은 부동산에 가보는 것이다. 그리고 내가 지금 당장 살 것처럼 물어봐야 한다. 나야 처음 그리고 한 번 묻는 것이지만 그들은 늘 뜨내기손님들에게 몇 번을, 많게는 수십 수백 번도 넘게 질리도록 문의를 받을 것이다. 그렇기에 웬만하면 당장 살 것 같은 손님에게만 적극적이지, 그냥 찔러보는 것 같은 사람에겐 절대 좋은 매물이나 많은 매물을 알려주지 않을 수도 있다.

나 또한 염두에 두었던 분양단지 가까운 부동산 모든 곳에 들어가 보았는데, 실상은 인터넷에서 확인했던 투자금보다 수천만 원이 초과했고 모두 내 예산을 넘은 금액이었다. '포기해야 하나?' 하는 생각이 들 때쯤, 오래된 구축 아파트와 재래시장 골목길에 있는 작은 부동산에 우연히 들어가게 되었다. 그 부동산은 사람들 눈에 잘 띄지 않는 곳에 있었고, 내가 사려고 하는 분양단지와도 꽤 떨어져 있어서 처음에는 '뭐 여기 매물이 있을까?' 하는 마음이었지만 혹시 모른다는 가벼운 마음으로 들어갔다.

때는 추운 겨울로, 털모자에 어그 부츠에 빵빵한 롱패딩을 입고 손을 호호 불어가며 길을 다니던 12월의 어느 일요일이었다. 시기상 비수기에다 한창 언론에서 미국 금리 인상이 이슈화되고 있어 부동산 안은 더욱 조용했다. 하지만 그 덕분에 소장님은 내게 적극적인 동네 소개와 함께 분양단지의 구체적인 동별 선호도와 향후 개발 호재 등을 구체적으로 브리핑 해주셨다. 심지어 내가 조사한 가격보다 무려 4,000만 원이나 저렴한 매물을 소개해주시기까지 했다.

무척 싼 매물이라 탐이 났지만 왜 저렴하게 내놓는지에 대한 매도자의 상황을 확인해볼 필요가 있었다. 알고 보니 당시 그 매물의 매도자는 아파트 분양권이 2개가 있는 상태였고, 그에 대한 담보 대출을 2건 보유하는 것에 부담을 느끼고 있었다. 더욱이 금리 인상 이슈가 있었기 때문에 2개 중 1개를 팔기로 마음먹고 이 매물을 팔기로 한 것이라고 했다. 대출 실행일이 그 이듬해 3월이었고, 그전에는 꼭 팔고 싶어서 급매로 나온 것이었다.

○ 일곱째, 기준이 맞다면 가계약금 부치고 계약날짜 잡기

가계약금 부치기 전 '가격 협상'을 위해 최대한 노력하기

나는 매도자의 사정을 듣고, 흥분되는 마음으로 바로 그 자리에서 가계약금을 부치겠다고 하고 300만 원을 송금했다. 회사에서 받는 250만 원의 월급의 의미가 순간 머리를 스쳐 지나갔다. 갖은 눈치와 하기 싫은 일을 감당하며 참아야 하는 30일의 보상금이 이 부동산 시장에서는 단지 일회성 가계약금에 불과하다는 생각에 조금은 이상한 감정이 일었다.

보통 이렇게 가계약금을 입금하고, 소장님께서 매도자와 매수자의 일정을 유선상 조율한 후에 매매 계약 일정을 잡고 계약서를 작성한 후 잔금을 치르면 계약이 처리된다. 한 번 해보면 간단한 일이지만 해보지 않고 이를 글로 공부만 해서는 절대 알 수 없다. 직접 몸으로 부딪쳐봐야만 알 수 있다.

'내게 맞는 자금을 알아보기 위해 은행에 가서 상담하는 과정부터 신용대출을 실행하는 일, 대출 서류를 준비하기 위해 처음으로 내 명의인 인감도장을 만들고, 주민센터에 가서 인감을 만들고 발급하는 일, 부동산 중개소에 가서 소장님과 대화를 하는 것부터 매물을 조사하는 과정, 실제로 가계약금을 입금할 때의 짜릿함과 매매 계약서에 체결 도장을 찍을 때의 기분'. 이는 절대 상상만으로는 알 수 없는 희열이 있다.

○ **가장 중요한 일은, 막연한 두려움을 벗어던지는 일**

두려운 마음이 일더라도, 조금만 용기 내기!

가계약금을 부친 후부터는 이상과 현실이 달리 움직였다. 부동산 책과 강의를 통해 배운 대로 대출을 알아보고, 지역을 선정해 입지를 공부하고, 지역의 개발과 호재를 알아보고, 많은 부동산 중개소에 방문하여 시세보다 저렴한 매물을 찾았다 하더라도 가장 중요한 것은 정작 자기 자신에 대한 확신이라는 것을 난 집에 돌아와서야 알았다.

처음엔 마냥 내가 잘했다고 생각했는데, 문제는 그날 저녁부터였다. 내가 부의 반열에 오르는 것만 같아 마냥 들뜬 기쁨도 잠시, 밤에 잠을 자려고 누워 눈을 감자 갑자기 '내가 지금 뭘 한 거지?' 하는 생각이 들었다. 그 생각을 시작으로 '내 연봉의 거의 2배나 되는 돈을 대출받고, 또 집을 사려고 3억 원을 대출을 받다니… 내가 순간 미쳤나?', '갑자기 집값이 떨어지면 어떻게 하지? 금리가 오르면 어떻게 하지?' 하며 갑작스럽게 쏟아지는 두려움에 잠을 이룰 수 없었다. 숨이 조여오는 것 같고 심장이 덜컥했다. 주변에 투자에 관한 조언을 들을 수 있는 사람이 없었던 나는 마냥 답답했다.

네이버 지식인부터 숱한 부동산 카페를 뒤적거리며 내 마음을 안심시킬 수 있는 글들을 기웃거렸다. 그래도 직성이 풀리지 않았다. 나에게 확신을 줄 수 있는 사람이 간절히 필요했다. 하지만 막상 나를 안심시켜줄 글이 있어도 '이 사람 사기꾼 아니야?' 했다. 내가 지금 결정을 바꾸라는 글을 찾는 건지, 결정을 잘했다는 글을 찾는 건지 알 수 없는 감정에 휩싸였다. 그때 나는 내 판단에 대해 머리로만 이해했지 확신은 없었던 것이다.

○ 나에게 맞는 멘토를 만났다면 '진정성' 있게 다가가기

확신을 줄 수 있는 멘토를 찾아라. 그리고 두드려라. 열릴 것이다.

늦은 밤, 새벽까지 계속해서 내 마음의 불안을 해결하기 위해 연구해보았다. 그때 갑자기 불현듯 현 유튜브 '채부심'의 운영자이자 당시 하나금융투자 건설 분야 애널리스트로 활동하던 채상욱 님이 떠올랐다. 물론 그와 나는 어떤 일면식도 없었다.

하지만 난 채상욱 님의 부동산 관련 모든 책을 다 섭렵했고, 그분의 인터뷰 내용과 부동산 시장에 관한 칼럼들도 항상 챙겨 읽고 있었다. 늘 객관적인 데이터와 정책에 미치는 시장의 파급 효과에 대한 분석 글들을 보며 그 인사이트에 놀라곤 했다.

불현듯 떠오른 그분을 내 멘토로 삼고 싶었다. 그래서 다급하게 네이버 검색창에 '채상욱'을 검색해보았는데 마침 블로그가 상단에 보였다. 블로그에는 그분이 건설업계 연속 베스트 애널리스트 자리에 오르기까지 어떤 삶을 살아왔는지 단번에 알 수 있는 글이 있었는데, 나는 그 글에서 왠지 밖으로 보이는 차갑고 스마트한 모습과는 다른 인간적인 따뜻함을 느꼈다.

지금 생각해보면 부끄럽지만, 당시 지푸라기라도 잡는 심정으로 채상욱 님의 블로그 글에 비밀 댓글로 내 소개와 내가 왜 투자를 하게 됐는지에 대한 상세한 이야기와 내가 한 결정이 잘한 결정인지에 대한 조언을 구하는 긴 글을 구구절절 남겼다. 그분께는 그냥 모르는 척해도 되는 댓글이었지만, 몇 시간 후 채상욱 님은 내게 아주 명쾌히 잘한 선택인데 뭐가 문제인지 알 수 없다는 내용의 답변을 남겨주셨다.

내가 늘 신뢰하고 대단하다고 여기는 전문가로부터 내가 한 선택이 잘한 선택이며, 심지어는 '싸게 잘사셨네요'라는 답변을 받자 나는 다시 기쁜 마음을 되찾았다. 정말 진심으로 너무나 감사했다. 그 후로 나는 채상욱 님의 팬이 되었음은 물론이요, 그분은 기억하지 못하겠지만 첫 유튜브 라이브 방송 때, 몇 년 전 덕분에 처음으로 내 집 마련을 할 수 있었다고 너무 감사하다는 말도 채팅으로 건넸다. 나도 나중에 다른 사람을 알려줄 수 있을 정도로 성장하면 채상욱 님처럼 그 사람의 입장을 잘 헤아려 성의 있는 답변을 건네겠다고 다짐했다.

그렇게 혼자 울며불며 심장이 졸았다 풀어진 경험은 다신 하고 싶지 않을 만큼 두렵고 무서운 경험이었다. 사람이 해보지 않은 일에 대해서는 얼마나 막연한 두려움을 갖게 되는지 실감한 날이었다. 그리고 첫 경험에는 아무리 스스로 최선을 다했다 하더라도 이끌어줄 멘토가 꼭 필요하다는 것도 알 수 있었다.

한 가지 더, 멘토를 꼭 주변 사람으로만 생각하지 말고 인터넷 세상에서도 얼마든지 찾을 수 있다는 점을 기억하기 바란다. 나처럼 말이다. 당신이 절실함과 실행력, 그리고 진심을 담은 감사한 마음만 갖추고 있다면 얼마든지 소통할 수 있다고 믿는다.

난 내가 경험했기에 처음이 두려워 시도하지 못하는 사람들의 마음을 아주 잘 이해한다. 하지만 그 두려운 마음이 드는 것에 대한 공감 만큼이나 그날 밤 내가 가장 크게 얻은 것은, 막연한 두려움을 벗어던지지 못하고 회피한다면 항상 제자리에 머물 수밖에 없다는 깨달음이었다.

우리 자신을 한 단계 성장시키고 싶다면 열심히 책을 읽고, 공부하고, 좋은 사람들을 만나는 것도 중요하지만, 그보다 더 중요한 것은 살면서 한 번도 경험해보지 못한 일에 대한 막연한 두려움을 벗어던지는 일이라고 생각한다. 당신도 꼭 한 번은 막연한 두려움을 벗어버리는 경험을 했으면 좋겠다.

채상욱 님의 블로그에 게재돼있는 '저를 소개합니다'라는 시리즈의 글을 공유하고 싶다. 그 또한 어린 시절 넉넉지 못했던 형편이었기에 그 경험을 바탕으로 잘 살아보고자 애쓰는 사회초년생들에게 전하는 글이다.

"제가 15년 정도 사회생활을 하며 느낀 점이 몇 가지 있습니다.

첫째, 친구를 잘 만나면 좋고
둘째, 준비가 잘 되어 있어야 하고
셋째, 본질은 거짓말하지 않는다.

이 세 가지 정도가 됩니다. 지금 당신의 인생이 시궁창 같아 보일지라도 저 세 가지가 트리니티처럼 당신의 인생을 지킬 것입니다."

항상 지금도 내 마음이 흔들릴 때마다 꺼내보는 귀한 말이다. 혹시 지금 이 순간, 당신의 인생이 시궁창같이 느껴진다면 꼭 이 세 가지를 기억했으면 좋겠다.

투자자가 되고
3년 동안 벌어진 일들

나도 하는데, 누구나 할 수 있겠더라.

보통 아파트는 착공부터 준공까지 3년 정도의 시간이 걸린다. 내가 처음 취득할 때만 해도 부동산뿐만 아니라 거시 경제 시장 분위기는 미국 금리 인상 이슈로 사람들의 매수세가 얼어붙어 있었다. 그런데도 내가 당시 첫 집을 살 수 있었던 이유는 다양한 경제 책과 우연한 기회에 경제 전문가들과 함께 독서 모임을 하며 확실히 깨달은 점이 있다. 바로 '어느 누구도 자산 가격 폭락과 폭등의 시점을 맞출 수 없다'는 것이었다. 개인으로서 할 수 있는 것은 언제 사는 게 맞는지 타이밍을 예측하는 것이 아니라 '현시점에서 매물의 가격이 싸냐, 비싸냐에 대한 가치 판단'뿐이다.

당시 그 깨달음으로 내가 집을 사려고 할 때 세웠던 기준 중 하나는 신문의 거시 경제에 귀를 닫고, 내가 통제할 수 없는 영역은 투자 고려 사항에서 제외하는 것이었다. 만일 당시 내가 통제할 수 없는 영역을 투자 고려 사항에 적용했다면 난 부동산 투자를 실행에 옮길 수 없었을 것이다. 그리고 얼마 지나지 않아 내가 세운 기준에 확신을 심어주는 광경이 펼쳐졌다.

연일 보이던 미국 금리 인상의 이슈는 온데간데없어지고, 연준은 다시 양적 완화 기조를 유지할 것이라는 발표가 났다. 그 직후 다시금 자산 시장의 분위기는 뜨겁게 휘몰아쳤다. 2년 6개월이란 기간 동안 매년 3억 원씩 프리미엄이 올랐다. 입주할 때가 돼가니 프리미엄만 6~7억 원이 되었고, 심지어 전세금은 분양가를 초과했다. 내 돈 없이 집을 가질 수 있는 마법의 세계였다. 물론 수도권 부동산 시장이 가장 뜨거웠던 2019~2021년 사이였기 때문에 가능한 일이긴 했다. 당분간은 어렵겠지만 늘 부동산 시장은 상승과 하락을 반복하기 때문에 반드시 언젠가는 그런 시기가 다시 돌아올 것이라 생각한다.

그때 알게 되었다. 내가 그동안 돈에 관심이 없었던 것이 내가 원래 돈을 좋아하지 않기 때문이 아니라 내가 노동을 파는 것 외에는 돈을 벌어보지 못했기 때문이란 것을. 그렇게 자본의 맛을 느껴보고 난 후 더 투자하고 싶은 마음이 간절해졌다. 내 집의 값이 오르는 것을 보며 투자에 확신을 갖고 더 열심히 공부했다.

월급이 300만 원 채 안 되는 평범한 회사원 1인 가구였던 나는 대학원과 영끌해서 마련한 집으로 인해 아무리 모아도 돈이 모이지가 않았다. 할부로 결제한 대학원 학비에 신용대출 이자까지 갚고 나면, 딱 생활비 정도만 남았다. 한 푼도 남지 않았다. 하지만 투자금을 어떻게든 마련하고 싶어 발버둥 쳤다.

도매 판매 사이트에서 물건을 떼다가 스마트스토어를 운영해보기도 하고, 동대문 도매 매장에서 여성 잡화를 사다가 번개장터 플랫폼에 팔아보기도 하였다. 가끔 사다 먹곤 했던 청량리 청과물 도매시장에서 장사를 하시는 사장님께 팔고 계신 한과를 스마트스토어에 판매에 해보면 어떠냐고 부탁도 해보았다. 하지만 내세울 만한 것이 딱히 내겐 없었다. 거절이 당연했다. 그리고 지금에 와 생각해보면 하나에 집중해도 모자랄 판에 난 그저 돈을 빨리 벌고 싶어 이곳저곳 날뛸 뿐, 실력은 턱없이 부족했다.

종잣돈을 모으려는 노력과 계속해서 어떤 지역이 좋을까 부동산 공부를 했지만, 적은 월급에 대학원까지 다니고 있던 터라 투자금을 마련하는 것이 무척이나 어려웠다. 하지만 악착같이 모은 1,000만 원과 처음 취득한 분양권 상태의 집을 입주 수개월 전에 전세 입주자를 받아 계약금에 해당하는 금액으로 두 번째 투자를 진행할 수 있게 되었다. 몇 년을 모아도 모을 수 없을 액수의 돈이 부동산을 통하니 단번에 해결되는 또 한 번의 마법을 경험했다.

그 당시, 이미 2년 새 수도권 집값이 급등해 투자처로서의 매력을 찾기 어려워 나는 지방 소도시로 눈을 돌리게 되었다. 지방 소도시에도 기회가 많다는 것을 그때 배웠다. 소도시를 고를 때는 최근 몇 년 이내 긴 하락이 있었고, 향후 3년 이내 입주 물량이 부족하며 아직 가격이 많이 오르지 않은 곳이라는 몇 가지 기준을 세워 지역을 추렸다. 지방 소도시라 하더라도 어느 지역이건 사람들이 살고 싶어 하는 동네는 있기 마련이니까.

　　지방 소도시를 투자할 때는 아이 키우는 그 지역의 젊은 부부들이 선호하는 동네 및 고소득 일자리를 제공하는 산업단지나 대기업이 분포한 지역인지도 함께 알아보면 도움이 된다. 그리고 소도시를 투자할 때 최고가 아파트가 많이 오르지 않은 곳을 눈여겨봐야 한다. 소도시는 수요에 한계가 있으므로 수도권 부동산 시장처럼 오름폭이 크지 않다는 것을 반드시 인지하고, 너무 욕심부리지 않을 것을 추천한다.

　　그렇게 난 2020년 이후로는 지방 소도시 위주의 투자를 차례대로 진행했다. 동시에 조금 더 다양한 경험을 하면서 취득세 중과를 피하고 투자금을 최소화하기 위해 공시지가 1억 원 투자와 지식산업센터 투자로 임대수익도 올릴 수 있게 됐다. 2021년만 해도 계속된 신고가가 속출했지만 2022년 예상하지 못했던 전쟁 발발과 세계 각국의 인플레이션, 연이은 금리 인상, 대출 규제 등으로 사람들의 심리가 꺾여 하루아침에 시장 분위기가 반전되었다. 그리고 이제는 부동산은 하락기로 접어든다는 뉴스가 보인다.

자산 가격이라는 것은 원래 상승과 하락이라는 사이클을 가지고 있다. 특히 부동산 중 아파트 시장은 지역별 수요와 공급으로 제각각 움직이기 때문에 시장 전반의 분위기로 투자할 자산을 고르는 것은 위험한 판단이다. 이번 챕터의 서두에서 언급한 것처럼 우선은 내가 사려고 하는 매물의 가치 판단만 할 것을 권한다.

요즘은 부동산 정보에 대해 누구나 손쉽게 확인해볼 수 있는 시대라 하지만 여전히 부동산은 개별성이 강하다. 그래서 같은 단지에 비슷한 상태의 매물이라도 매도자의 상황에 따라 그 가치가 달라지고, 특히 특정 부동산에서만 보유하고 있는 저렴한 매물이 있을지 모르기 때문에 남들보다 더 부지런하고, 꼼꼼하게 확인하는 것에만 집중해도 같은 시기에 수천만 원을 싸게 살 수도 있음을 꼭 명심했으면 좋겠다. 막 투자를 시작하려는 분들이 신문의 한 단면만을 보고 타이밍을 노리려 하지 말고, 언제든 기회가 있다는 마음을 가지고 차근차근 공부해보길 바란다.

지금까지는 과정에 담긴 이야기였다면, 이제 현실적으로 예전의 나처럼 '경알못'(경제에 대해 잘 알지 못하는 사람)이 부동산 투자를 실행하기 위한 현실적인 네 가지 단계를 함께 알아보도록 하자.

Episode 3.

경알못이 부동산 투자자가 되는

네 가지 단계

나처럼 정말 경제에 무지했던 사람이 부동산 투자를 하기 위해서는 우선 우리가 살아가는 데 밑바탕이 되는 자본주의가 돌아가는 시스템을 이해하는 것이 선행되어야 한다. 요즘 들어「작년에 영끌해서 집 산 2030세대들, 금리 오르고 집값 떨어질까 봐 다시 되팔아」같은 제목의 기사가 눈에 많이 띈다. 나는 이 기사를 보고, 이런 현상 저변에는 자본주의 시스템에 대한 이해 없는 조급한 투자가 있다고 생각했다.

　원래 부동산 자산이라는 것은 장기적 우상향이 맞지만, 일시적으로는 수요와 공급, 정책, 금리, 심리 등에 따라 떨어졌다 오르기를 반복하기 때문이다. 즉, 이 원리를 깨달은 사람은 절대 집값 폭락론, 집값 버블론에 속지 않는다. 물론 단기간의 하락으로 마음이 쓰리겠지만, 느긋하게 기나릴 수 있는 심리적 체력이 있으니 말이다.

　나 또한 내가 보유하고 있는 물건들의 상승액이 줄어들고 있지만 그 때문에 후회하거나 잠 못 들지 않는다. 지금은 그냥 그런 시기라고 넘길 수 있기 때문이다. 내가 이런 단단한 마음을 갖게 된 건 바로 부동산 공부 이전에 '경제'라는 것이 무엇인지도 모른 채로 투자할 순 없다는 생각이 들어 자본주의와 경제에 대한 기본적인 이해부터 차근차근 시작한 덕분이다. 그리 똑똑하지도, 배짱이 두둑한 사람이 아니라는 것도 스스로 알고 있었으니 말이다.

이 장에서는 경알못이었던 우주방랑자가 부동산 투자자가 될 수 있었던 네 가지 단계를 제시하려 한다. 실패, 손실이 두렵다고 도망가지 말고 꼭 따라 해보길 바란다.

자본주의 시스템에 대한 이해

자산 가격은 왜 '상승'과 '하락'을 반복하는가.

경제에 대한 관심은 우선 자본주의 시스템에 대한 이해부터 출발해야 한다. 자본주의 시스템을 모르면 '왜' 자산 가격이 상승과 하락을 반복하는지 이해할 수 없다.

자본주의의 속성은 여러 가지가 있을 수 있는데, 그중 하나는 자본주의 경제체제에서는 물가가 끊임없이 오른다는 점이다. 이 물가 상승을 좀 어려운 말로 '인플레이션'이라 한다. 이 '인플레이션'을 일으키는 요인은 원자재 상승, 전쟁, 생산 차질 등 여러 가지가 있는데, 가장 큰 요인은 '금리 인하'가 불러오는 '통화 공급의 확대'다. 금리가 인하되면 가계, 기업 등 각 경제 주체는 모든 씀씀이가 커지게 된다. 최근 연준에서 금리를 계속 공격적으로 인상하는 이유도 바로 2022년 하반기에 원자재 가격 상승, 러시아·우크라이나 전쟁, 코로나19로 빚어진 생산 차질, 유동성으로 인한 자산 가격의 가파른 상승 등 바로 이 인플레이션에 대한 우려 때문이다.

우리는 요즘 짜장면, 삼겹살, 과일 등 매년 식료품 가격 인상부터 시급 인상, 분양가 상승, 임차료 등까지 모든 물가가 오르는 것을 쉽게 보고 느끼고 있다. 이런 실생활에서의 물가 상승은 모두 '인플레이션'의 예들이다. 그렇다면 아마 당신은 궁금해질 것이다. 그럼 대체 물가는 왜 오르는 걸까?

경제 정책을 큰 틀에서 간략히 설명하자면, 국가는 '통화 정책'과 '재정 정책'으로 나라 살림을 운영한다. 통화 정책으로 시중에 '돈의 양'을 조절하고, 재정 정책을 통해서는 예산을 수립해 사회보장적 지원금, SOC투자사업, 일자리 지원사업 등 다양한 지원책을 펼친다. 이중 물가와 더 크게 관련 있는 것은 통화 정책인데, 정부의 통화 정책 역할은 '한국은행'에서 한다고 생각하면 된다.

신문 경제 지면에 미국 연준*의 FOMC** 결과가 자주 등장하는 이유는 연준이 미국의 통화 정책 역할을 하기에 그렇다. 즉, 세계

* 미국 정부의 금융 정책을 결정하는 최고 의사결정 기관인 미국 연방준비제도이사회(FED)의 줄임말.
** 미국의 중앙은행 시스템인 연방준비제도(FRB) 내 통화 정책 회의 기구.

경제의 흐름과 정부의 방향성에 따라 경기를 부양해야 할 때는 금리를 인하하고, 물가를 안정시켜야 할 때는 금리를 인상하는 것이다. 이것이 가능한 이유는 자본주의 시스템의 중심에는 '금융 시스템'이 있기 때문이다. 큰 틀에서 쉽게 이야기하면, 중앙은행은 돈을 새로 찍어낼 수 있는 '발권력'을 갖고 있고 시중은행은 본래 가지고 돈보다 훨씬 더 많은 돈을 대출해줄 수 있는 권한이 있다는 것이다.

예를 들어, 시중은행은 고객이 예금하면 예금의 10%만 남겨두고 나머지 90%는 대출을 해줄 수 있는데, 이는 기존 예금 10억 원이 있다면 A기업에 9억 원을 대출해줄 수 있다는 뜻이다. 국가는 경기를 부양해야 할 때 시중에 통화량을 늘리는데, 이는 경제가 개인과 기업이 벌어들이는 눈에 보이는 실물 화폐로만 돌아가는 것이 아니란 뜻이다.

한 가지 더, 우리가 살고 있는 시대는 '세계화'로 전 세계 경제가 모두 연결돼있고 달러가 기축통화다. 즉, 달러가 무역이나 금융 거래에서 가장 자주 사용되는, 세계에서 가장 중요한 화폐이므로 미국 연준에서 금리를 올리면 전 세계가 영향을 받는 것이다. 특히 한국 경제는 수출 비중이 높아서 미국, 유럽 등 다른 선진국들의 영향을 많이 받는 구조라 미국 금리는 한국 경제에 매우 큰 영향을 미친다. 우리와 크게 관련 없는 것 같은 미국 중앙은행(연준)의 금리 인상 발표가 우리나라의 뉴스나 신문기사 헤드라인에 도배되는 게 바로 이러한 이유 때문이다.

하지만 결국 물가가 안정되고 경기가 침체하면 그 시기를 정확히 예측하긴 어렵겠지만, 다시 시중에 돈을 풀어 기업과 사람들이 돈을 쓰게 할 것이다. 그러니 지금 2022년 하반기에 당신이 마침 경제 공부나 부동산 공부를 막 시작하려고 하는데, '이제 우리나라 경제, 부동산은 끝났다'고 하는 말에 속아 공부를 중단하면 안 된다. 우리가 사는 자본주의 사회는 이것이 반복될 수밖에 없다. 오히려 자산 가격이 떨어지고 있는 이 시기에 당신이 기초를 탄탄히 다져놓는다면 다시 찾아온 자산 가격 상승기에 '그때 공부하길 잘했어' 하는 때가 분명 올 것이다. 잊지 말아야 할 것은 우리가 사는 사회는 원래 그리고 아주 오래전부터 이런 흐름이 계속 반복되었다는 사실이다.

자본주의 시스템은 금융 시스템으로 인해 통화량이 팽창하도록 설계돼있으므로 우리의 노동 소득보다 자산이 증가하는 속도가 훨씬 가파르다. 사실 그 증가 속도는 따라갈 수 없을 정도라 우리는 '자산'을 축적해놓지 않으면 나중엔 정말 벼락 거지가 될지도 모른다. 이 자본주의 시스템을 이해해야만 우리가 자산을 가져야만 하는 이유에 대해 스스로 확신이 생길 수 있다. 자본주의 속성에 관해 이야기는 여기까지 하고, 깊은 이해를 위해서는 <EBS

다큐프라임> '자본주의' 1~5부 영상과 책『인플레이션 이야기』*를 추천한다. 이 책은 우리가 살고 있는 자본주의의 역사와 인플레이션의 관계를 이론과 현실 모두를 반영해 친절히 설명해준다. 경제 유튜브 채널 1위인 '삼프로TV'의 추천 책이기도 하다.

* 신환종, 포레스트북스, 2012.

경제를 일상으로 만드는 법

우리를 둘러싸고 있는 '경제 현상' 이해하기

그럼 이제 경제를 일상으로 만드는 법에 대해 알아보자. 말 그대로 '관심 갖기'부터 시작해야 지치지 않을 수 있다. 어려운 것부터 하려고 하지 말고 처음엔 무조건 쉽고 간결해야 한다. 불과 몇 년 전만 해도 경제 신문, 경제 이슈에 대해 전혀 무지하던 내가 했던 방법들을 소개할 테니 그대로 꼭 따라 해보길 추천한다.

○ MBC 라디오 <이진우의 손에 잡히는 경제> 듣기

https://www.imbc.com/broad/radio/fm/economy

MBC 표준FM 95.9MHz에서 평일 오전 8시 30분~9시, 일요일 7시

5분~8시 청취할 수 있는 라디오 방송으로, 내가 처음 경제에 관심을 가지기 시작했을 때 매일 들었던 채널이다. 채널 소개처럼 복잡한 경제 뉴스를 일반인이 알기 쉽게 풀어준다. 이 채널의 좋은 점은 본인이 궁금한 점을 MBC 라디오 청취자 의견에 적어 보내면 이진우 기자님이 그 사연 속 궁금증을 해소해준다는 것이다. 그리고 종종 MBC홀에서 경제에 관심 있는 사람들이 실제 참여할 수 있는 오프라인 강의도 개최한다.

imbc사이트 내 <이진우의 손에 잡히는 경제>의 '손경제 공부방' 자료실에는 친절한 경제 상식부터 방송 내용 중 보충 설명을 매일 올려주므로, 우리가 살아가는 사회의 경제 현상을 제대로 공부하고 싶다면 잘 활용해보자.

출처: MBC 홈페이지

○ 어피티(UPPITY) '머니레터' 구독

https://uppity.co.kr/moneyletter

어피티는 MZ세대 여성들의 구독 경제 창업 플랫폼이다. 머니레터 구독을 신청해놓으면 왼쪽 표처럼 매일 아침 주요 경제 뉴스를 예쁘고, 읽기 쉽게 정리한 요약 메일을 보내준다. 대상은 주로 사회 초년생이나 경제에 이제 막 입문한 사람을 대상으로 하고 있지만, 전문성을 겸비한 다양한 필진의 의견도 함께 보내주기 때문에 경제 분야와 관련된 폭 넓은 시선을 담은 기사들을 접할 수 있다.

출처: '머니레터' 구독 메일링 서비스 화면

○ 앱 '리멤버 나우'를 활용한 경제 콘텐츠 읽기

○ **앱 '리멤버 나우'를 활용한 경제 콘텐츠 읽기**

https://now.rememberapp.co.kr

리멤버 나우는 종이 명함을 스캔하면 자동으로 그 사람의 직책, 소속, 연락처 등을 정리해주는 명함 앱이다. 여기에 더해 '나우'라는 코너에서는 경제 전문가들의 깊이 있는 프리미엄 콘텐츠를 구독할 수 있다. 위에 '어피티'와는 달리 쉽게 읽히는 느낌은 적지만 전문성을 갖춘 깊이 있는 정보와 지식으로 인사이트를 넓히는 데 도움이 된다.

출처: 앱 '리멤버나우' 뉴스레터 화면

○ 경제, 부동산 분야 신문 읽기

우리는 종이 신문 시절과는 달리 인터넷에서 수많은 정보가 쏟아져 나오는 시대에 살고 있다. 이런 시대에 편협적인 정보와 관점만을 받아들인다면 투자를 하는 데 있어 편견 또는 판단의 오류가 발생할 수 있다. 그렇기에 신문을 읽을 때는 한 언론사의 기사뿐만 아니라 다른 시각을 가진 다양한 언론사의 기사를 찾아 비교하며 읽을 필요가 있다.

더불어 경제 신문을 제대로 그리고 효율적으로 읽고 싶다면 책『부동산 기사 그래서 어떻게 봐야 할까요?』를 추천한다. 경제 신문에는 광고인지, 의미 있는 이슈인지 아니면 글을 작성한 사람의 개인적 의견인지, 사실인지를 구분하기 어려운 기사들이 적지 않다. 그래서 이 책은 신문 기사 속 정보를 가려내는 관점 제시와 함께 기사에 나오는 통계를 해석하는 방법도 상세히 설명한다.

○ 네이버 부동산 '우리동네뉴스' 읽기

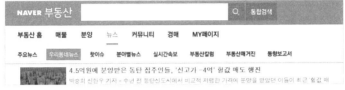

출처: 네이버 부동산 뉴스

지역마다 다른 정책 및 정보들을 무턱대고 읽다 보면 부동산에 흥미를 느끼게 되기는커녕 오히려 지칠 수 있다. 시간을 절약하고 관심을 두고 있는 지역의 뉴스만 간추려 확인하고 싶다면, 네이버 부동산의 뉴스 코너 중 '우리동네뉴스'를 활용해보길 바란다.

이렇게 좋은 플랫폼들을 활용해 세상과 경제가 어떻게 돌아가고 있는지를 읽고 파악하는 것이 다양한 유튜브 채널과 단톡방을 드나드는 것보다 훨씬 양질의 배움을 얻을 수 있다. 분명 도움이 되는 유튜브 채널과 단톡방도 있겠지만, 아직 부동산에 대한 지식이 부족하고 투자 관점이 명확하지 않은 초보자는 어떤 채널과 정보를 신뢰해야 하는지 분별하기 어려우므로 우선 엄선된 정보부터 구독하고 습득해나갈 것을 권장한다.

부동산 투자 마인드 갖추기

‘생각의 프레임’만 바꿔도 ‘부동산 투자’가 가능하다.

우리가 살아가면서 주변인들에게 들은 이야기나 대중들이 흔히 아는 지식 중 대부분은 편견으로 비롯된 오류가 많다. 하지만 인간은 자신이 아는 가설을 지지하는 증거만 일방적으로 받아들이고, 이와 반대되는 새로운 정보는 받아들이지 않으려는 ‘확증편향(Confirmation bias)’이 발현되어 새로운 정보들은 걸러내게 된다. 그러므로 우리가 투자를 시작하기로 했다면 가장 먼저 할 일은 우리가 가지고 있던 기존의 ‘편견’을 깨는 일이다. 종잣돈을 악착같이 모으고 투자 공부를 열심히 했다 한들, 근본적인 본인의 생각을 변화시키지 않는다면 결국 우리의 생각을 행동으로 끌어낼 수 없기 때문이다. 책 『인간에 대한 오해』[*]에서도 인간이 가지고 있는

*   스티브 제이드 굴드, 사회평론, 2003.

성향 중 이 '확증편향' 사례를 제시하기도 하였고, 투자의 대가 '워런 버핏'도 본인의 성공 투자의 노하우 중 하나로 '항상 확증편향의 위험을 의식하고 끊임없이 자기의 생각을 혁신하려고 노력한다'고 밝힌 바 있다.

그러면 우리가 이 '확증편향'을 견제하기 위해 할 수 있는 일은 무엇일까? 나는 단연코 '책 읽기'다. 앞서 역경의 시간을 경험 후 책을 통해 얻은 깨달음은 한 사람의 인생을 송두리째 바꿀 만큼 중요하다고 생각한다. 하지만 이 책 읽기도 결국 본인이 어떤 마음가짐으로 읽느냐에 따라 다를 수 있으므로, 인간에게는 항상 확증편향이 있다는 사실을 인지하고 처음엔 다소 뭔가 불편한 마음이 일더라도 새로운 정보를 받아들이는 데 좀 더 과감해질 필요가 있다.

3단계에서는 당신의 마인드를 바꿔주고, 우주방랑자의 삶에도 큰 영향을 끼쳤던 책 중 꼭 소개하고 싶은 책들을 엄선하여 추천하고자 한다. 소개하고 싶은 좋은 책들이 정말 많았지만, 개인적으로는 많은 책을 읽는 것보다 '좋은 책'을 여러 번 읽고 그것을 완전히 체화하는 편이 훨씬 좋다고 생각한다. 그래서 여러 번 읽을 만한 책을 분류별(마인드, 투자 전반, 부동산 투자, 통찰력)로 엄선했다. 나는 운이 좋게 경제 식견이 높은 분들과 꽤 오랫동안 '경제 독서 모임'을 참여한 경험이 있기에 모임에서 선정한 책 중 깊은 인사이트를 얻었던 것 위주로 담았다.

우주방랑자가 추천하는 도서 목록

마인드	『돈』, 보도 섀퍼, 에포케, 2011. 『부자 아빠 가난한 아빠』, 로버트 기요사키, 민음인, 2000. 『생각의 비밀』, 김승호, 황금사자, 2015. 『생각하라, 그리고 부자가 되어라』, 나폴레온 힐, 반니, 2021.
투자 일반	『돈, 뜨겁게 사랑하고 차갑게 다루어라』, 앙드레 코스톨라니, 미래의창, 2015. 『환율의 미래』, 홍춘욱, 에이지21, 2016. 『부의 대이동』, 오건영, 페이지2북스, 2020. 『젊은 부자의 법칙』, 바이런베이, 토트, 2021.
부동산 투자 기초	**전반** 『김학렬의 부동산 투자 절대 원칙』, 김학렬(빠숑), 에프엔미디어, 2022. **입지** 『입지 센스』, 훨훨(박성혜), 다산북스, 2022. **정책** 『대한민국 부동산 지난 10년, 앞으로 10년』, 채상욱, 라이프런, 2020. **임장** 『부동산 투자로 진짜 인생이 시작됐다』, 앨리스허(허미숙), 알에이치코리아, 2020. **세금** 『부동산 절세의 기술』, 김동우(투에이스), 지혜로, 2022. **대출** 『대출의 마법』, 김은진, 다산북스, 2022.
통찰	『모모』, 미하엘 엔데, 비룡소, 1999. 『죽은 경제학자의 살아있는 아이디어』, 토드 부크홀츠, 김영사, 2009. 『스마트한 생각들』, 롤프 도벨리, 걷는나무, 2012. 『사피엔스』, 유발 하라리, 김영사, 2015. 『생각에 관한 생각』, 대니얼 카너먼, 김영사, 2018.

첫째, 기존에 가지고 있던 생각의 프레임을 모두 바꾸기!

우리를 지배하고 있는 것은 어쩌면 바로 앞에 놓인 상황 자체보다 '생각의 그릇'일지도 모른다. 그렇기에 부동산 투자 마인드를 갖추기 위해서는 상황보다는 기존에 있던 생각의 그릇을 깨부숴야 한다. 추천하는 책 목록에서 '마인드' 분류에 해당하는 책들은 당신에게 부자들이 가진 '돈'을 대하는 자세를 알려줄 것이다.

둘째, '투자'를 위한 지식과 방법 공부하기!

부동산 투자도 결국 '투자'의 일부다. '부동산 투자'를 제대로 알려면 그 전에 '투자'란 무엇인가부터 이해해야 한다. 그 지식을 잘 전해줄 수 있는 책을 '투자 일반' 분류에서 소개했다.

셋째, '부동산 투자'에 필요한 지식 전반적으로 알기!

부동산 투자에는 기초 지식, 투자 대상, 세금, 대출 등 거래를 위한 다양한 지식이 필요하다. 그러다 보니 공부만 시작하고 끝내 투자까지 이어지지 않은 경우, 부동산 공부를 시작하고 싶은데 어떤 책부터 읽어야 하는지 모르겠다는 질문을 수없이 들었다. 부동산 투자를 처음 접했다면 '아파트 투자'로 시작하고, 어느 정도 경험이 쌓인 후 관심 있는 영역으로 넓히는 것이 좋다. '부동산 투자 기초' 분류에는 이에 해당하는 추천 책들이 포함돼 있으니, 이 책들만 소화해도 큰 도움을 얻을 수 있을 것이다.

네 번째, 통찰력 갖추기!

우리의 모든 것은 '선택'의 연속이다. 아무리 좋은 책을 읽고, 실력 있는 멘토를 곁에 두었다 하더라도 최종 판단은 결국 '본인의 몫'이다. 그렇기에 '판단력'은 부동산 투자에 있어 매우 중요하다. 선택의 갈림길에서 과감히 '실행'해야 할 때와 '인내'를 구분할 줄 아는 지혜와 바쁜 일상 속 우리가 놓치고 있는 것은 없는지 살필 수 있는 관점을 '통찰' 분류 추천 책에서 배울 수 있을 것이다.

부동산 도구들과 친해지기

스스로 전문가가 되는 '타이탄의 도구들'

마인드를 갖추었으면 구체적으로 부동산 투자 공부를 시작하자. 혼자서 책을 통해 실행할 수 있는 사람이라면 상관없지만, 개인적으로는 '부동산 강의'를 수강하는 것이 헛된 시간을 낭비하지 않는 지름길이라고 생각한다. 강의는 본인에게 맞는 것 또는 본인이 부족하다고 생각하는 부분을 찾아서 들으면 된다. 요즘엔 보통 강사들이 유튜브 채널을 운영함으로 업로드된 영상을 통해 본인에게 맞는 선생님을 찾을 수도 있고, 블로그를 통해 관련 강의를 찾아보는 것도 방법이 될 수 있다.

하지만 강의는 계속해서 듣는 것보다 어느 정도 이해가 됐으면 결국엔 스스로 분석하며 연습해보는 게 좋다. 들었을 때는 분명 다 알 것 같았는데, 막상 해보려고 하면 제대로 적용하지 못하고 어디서부터 얼마만큼의 자료를 확보해야 하는지 또 그 자료들을 어떻게 봐야 할지 헷갈릴 수 있다. 그 헷갈림이 혹시 제대로 모르고 있나 싶어 또다시 강의만 들으며 결국 중간에 지쳐 포기하는 사람들을 많이 봐왔다. 실전 연습, 실전 적용만큼 중요한 것도 없다는 점을 꼭 기억했으면 한다.

우선 부동산 투자자라면 꼭 알고 있어야 하는 부동산 앱과 각 앱의 장점들을 소개하고자 한다. 이 앱들을 설치하고 가까이하며 부동산과 친해져 보자. 스스로 지역을 분석할 땐 이 앱들만 있으면 충분하다. 앱 사용에 관한 핵심 활용법은 아래와 같다. 혹시 보다 구체적인 활용법 설명이 필요하다면 우주방랑자의 블로그를 방문해 확인해보길 바란다.

○ **네이버 부동산**

https://new.land.naver.com

핵심 tip: 관심 매물 '알림 설정', '급매' 검색 기능

'네이버 부동산'은 보통 시세 확인 용도로만 사용하는 경우가 많을 것이다. 하지만 여기서 가장 중요한 기능 중 하나는 바로 종 모양의 '알림 설정'과 별 모양의 '관심 단지 설정' 기능이다. 관심 있는 단지가 있다면 알림과 설정을 해두고 해당 단지의 새로운 매물이 올라올 때마다 알람을 통해 계속해서 시세를 확인해보자.

출처: 네이버 부동산 '신규 매물 알림', '관심 단지 설정' 기능(모바일 버전)

두 번째는 '개발' 기능이다. 이 버튼 클릭 한 번으로 개발 호재를 한눈에 확인할 수 있다. 내가 구매하고 싶은 지역 주변에 어떤

개발을 진행 중이고 앞두고 있는지를 파악할 수 있다.

출처: 네이버 부동산 '개발' 호재 검색 기능(모바일 버전)

세 번째는 '급매'를 찾는 기능이다. 네이버 부동산에서 매물 검색 시 '상세 매물 검색' 기능이 있는데, 이 기능 중 '기타' 부분에 '급매'를 선택하면 이에 해당되는 매물만 지도상에서 확인할 수 있다.

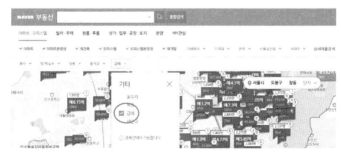

출처: 네이버 부동산 상세 매물에서 '급매' 검색(PC 버전)

○ **앱 '아실'**

https://asil.kr/asil/index.jsp

핵심 tip: 여러단지비교, 아파트 대지지분, 재개발 구역 정보

아실 앱은 아파트 분석에 필요한 모든 기능이 있으며, '부동산 스터디' 메뉴에는 21개의 항목이 정리돼있다. 이 기능 중 '가격변동, 최고가, 거래량, 갭투자, 여러단지비교' 등은 현재 내가 관심 있는 지역의 분위기와 그 지역에서 가장 비싼 아파트, 사람들이 어떤 아파트를 가장 많이 샀는지를 손쉽게 확인할 수 있도록 돕는다.

출처: 아실 앱 '재개발 구역' 현황(PC 버전)

특히 '여러단지비교'에서는 최대 10개까지 비교가 가능하므로 다양한 아파트 단지의 시기별 가격 추이를 그래프를 통해 알기 쉽게 파악할 수 있다. 또한, '경매, 재개발구역, 학원가'를 지도상에 표시해주고, 더 나아가 다른 앱에는 없는 재건축 투자에 고려해야 할 '대지지분' 기능이 있어 대지지분이 높은 아파트를 추려볼 수 있다.

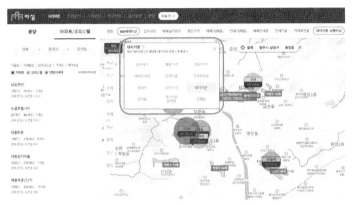

출처: 아실 앱 '대지지분' 표시(PC 버전)

○ 부동산 지인

https://aptgin.com

핵심 tip: 빅데이터지도, 지인빅데이터 메뉴

부동산 지인의 장점은 '빅데이터지도'를 통해 전국의 흐름을 지도를 보고 쉽게 확인할 수 있고, '지인빅데이터'에서 지역별 '시장강도 TOP10, 거래량, 미분양, 전출입, 인구/세대수' 현황에 관한 정보도 자세히 볼 수 있다는 것이다.

특히 빅데이터지도에는 현재 모든 지역의 '시장 강도'를 색깔로 표시되어 어떤 지역이 오르고 있고, 어떤 지역이 하락하고 있는지 바로 확인할 수 있다. 초보 투자자가 지역 분위기를 한눈에 파악하는 데 유용하다.

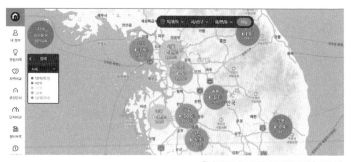

출처: 부동산 지인 '빅데이터지도'(PC 버전)

출처: 부동산 지인 '지인빅데이터' 메뉴(PC 버전)

○ **호갱노노**

https://hogangnono.com

핵심 tip: 분위지도, 상세 검색 필터

호갱노노의 장점은 '분위 지도'를 통해 지역의 아파트 가격을 총 네 단계로 나누어 입지를 분석하지 않더라도 어떤 동네가 비싸고, 어떤 지역이 저렴한지 클릭만으로 확인할 수 있다. 또한, 그 밖에도 '분석' 메뉴가 있어 아파트 분석에 필요한 상권, 직장인연봉, 배송생활권 등 유익한 정보를 확인할 수 있으니 꼭 활용해보자.

출처: 호갱노노 '분위지도', 분위별 가격분포(PC 버전)

출처: 호갱노노 '분석'기능(모바일 버전)

○ 디스코

https://www.disco.re

핵심 tip: 모든 부동산 거래 이력 및 건축물대장 등 확인

디스코는 초보 투자자가 처음에 쓸 일은 많지 않을 수 있지만, 주거용 부동산뿐만 아니라 토지, 단독/다가구, 상업용 건물 등 지역 안에 모든 부동산 정보와 실거래가를 확인하는 데 유용하다. 또한, 토지 및 건축물 정보, 공시지가 등도 바로 확인할 수 있다.

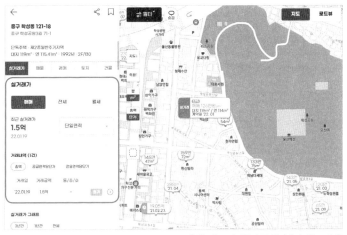

출처: 디스코 '단독 가구' 실거래 이력(PC 버전)

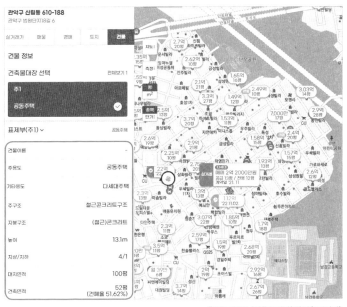

출처: 디스코 '건축물대장' 확인(PC 버전)

핵심 tip: 청약 알림서비스 신청, 청약 결과 확인

청약홈은 한국부동산원에서 운영하는 청약에 관련된 모든 것을 게재한 사이트로, 아파트 청약을 해본 사람이라면 한 번쯤은 방문해본 적이 있을 것이다. 꼭 본인이 청약할 때가 아니어도 다른 단지들의 청약 경쟁률과 지역별 청약 일정, 지역별 분위기를 실시간으로 확인할 수 있다. 주목해야 할 부분은 아래와 같다.

① '청약일정'에서 어떤 지역의 청약이 예정돼있는지 항상 지켜볼 것.

② '청약알리미 신청'으로 관심 있는 지역을 알림 설정해서 청약 일정을 놓치지 말 것.

③ '가점 계산기'를 통해 본인의 청약 가점을 알고 있을 것.

④ '청약 경쟁률'로 다른 사람들의 관심도를 객관적으로 확인할 것.

※ 특히, 경쟁률을 확인 시 '평형별 경쟁률, 평형별 분양 가격'도 꼭 눈여겨보기.

출처: 청약홈 '청약 알림 서비스' 신청(PC 버전)

□ 조회 결과

- 수택명을 클릭하시면 입주자모집공고 정보를 확인하실 수 있습니다.
- 주택명, 청약기간, 당첨자발표는 각 항목명을 클릭하시면 해당 항목별 오름 또는 내림차순으로 정렬됩니다.
- 본 정보는 사실과 차이가 있을 수 있으니 청약신청 시 반드시 해당 "입주자모집공고" 내용을 확인 후 그에 따라 신청하시기 바랍니다.

총게시물 : 424

지역	주택구분	분양/임대	주택명	시행사	문의처	모집공고일	청약기간	당첨자발표	특별공급 신청현황	1·2순위 경쟁률
경기	민영	분양주택	덕소 강변 신일해피트리	(주)신일	☎ 031-522-5966	2022-10-21	2022-10-31 ~ 2022-11-03	2022-11-09	신청현황	경쟁률
제주	민영	분양주택	연동 한일베라체 화크뷰	한일건설(주)	☎ 064-747-0003	2022-10-21	2022-10-31 ~ 2022-11-01	2022-11-07	사업수체분석	경쟁률
충북	민영	분양주택	음성 우미린 풀하우스	우미건설(주)	☎ 043-877-8020	2022-10-21	2022-10-31 ~ 2022-11-01	2022-11-07	사업수체분석	경쟁률
부산	국민	분양주택	에코델타시티 푸르지오 센터파크	(주)대우건설,(주)동원개발,(주)에이치제종공업,(주)한양(주)엔씨	☎ 1599-1779	2022-10-21	2022-10-31 ~ 2022-11-03	2022-11-08	신청현황	경쟁률
경기	민영	분양주택	광주 더샵 비스타 데시앙	(주)포스코건설,(주)동원개발,(주)오엔시엔지니어드	☎ 1522-0650	2022-10-21	2022-10-31 ~ 2022-11-03	2022-11-09	신청현황	경쟁률
충남	민영	분양주택	e편한세상 홍성 더센트럴	DL건설(주)	☎ 1566-3220	2022-10-21	2022-10-31 ~ 2022-11-02	2022-11-08	신청현황	경쟁률
부산	민영	분양주택	시연경남아너스빌엔데렉하우스	동수건설산업(주)	☎ 051-759-8910	2022-10-21	2022-10-31 ~ 2022-11-03	2022-11-08	신청현황	경쟁률
인천	민영	분양주택	연수 힐스테이트 어반포레	주식회사 신세종합건설	☎ 1533-2737	2022-10-18	2022-10-28 ~ 2022-11-02	2022-11-09	신청현황	경쟁률
충남	민영	분양주택	더실 신부렌트라	(주)토조건설	☎ 1533-2386	2022-10-14	2022-10-24 ~ 2022-10-26	2022-11-03	신청현황	경쟁률
충남	국민	분양주택	엘리트 아산탕정 공공분양주택	계룡건설산업(주)	☎ 041-534-5347	2022-10-14	2022-10-24 ~ 2022-10-26	2022-11-02	신청현황	경쟁률

« ‹ 1 2 **3** 4 5 6 7 8 9 10 › »

출처: 청약홈 '청약 결과' 조회(PC 버전)

핵심 tip: 부동산조사통계, 매매/전세가격지수 확인

부동산 전반의 국가 통계 자료가 있는 사이트로 부동산에 관한 다양한 통계자료를 확인해볼 수 있다. 많은 정보 중 초보자가 가장 유용한 기능은 '지역별 주택매매가격지수'와 '전세가격지수'다. 이 지수를 통해 지역의 상승과 하락 사이클을 쉽게 확인해볼 수 있으며, 지역 간 비교도 가능하다. 관심 있는 지역이 있다면 조회하는 습관을 들여보자. 그래프를 해석하는 방법은 그래프 오른쪽 상단에서 있는 기준일을 확인하고, 해당 기준일에 의거해 상승과 하락 흐름을 해석할 수 있다.

출처: 한국부동산원 통계 자료 현황

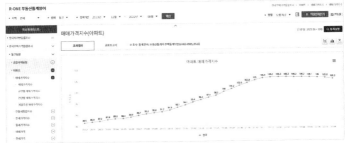

출처: 한국부동산원 지역별 '아파트 매매가격지수'

○ **KB부동산**

https://kbland.kr

핵심 tip: 주간 전국 부동산 동향 발표(매주 금요일)

KB국민은행이 만든 부동산 플랫폼으로 시세, 예측시세, 공시가격 등 다양한 가격 정보를 한눈에 확인할 수 있도록 구성돼있다. KB 부동산에서 정기적으로 확인하면 좋은 정보는 'KB통계' 자료실 매 주 제공하는 '주간 가격 동향'이다. 통계를 정기적으로 확인하는 것만으로도 지역별 현황을 파악할 수 있다.

KB통계 자료실

주간통계　　　월간통계　　　오피스텔통계　　　오피스통계

≪　〈　　**2022.10** 📅　　〉　≫

일	월	화	수	목	금	토
25	26	27	28	29	30	1
2	3	4	5	6	7	8
9	10	11	12	13	14	15
16	17	18	19	20	21	22
23	24	25	26	27	28	29
30	31	1	2	3	4	5

주간 시계열

20221024_주간시계열.xlsx　　　　　　　　　　↓

출처: KB부동산 통계 자료실

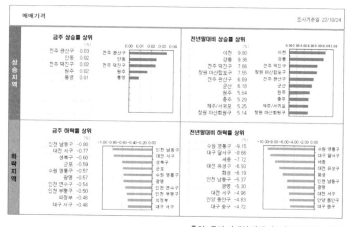

출처: 주간 시계열 엑셀 자료 '주간 동향 요약본'

결혼에 목매지 말고 부동산 투자부터 시작했으면 좋겠습니다

○ 관심 있는 매물 조사하기

지금까지 부동산 투자에 필요한 타이탄의 도구들을 소개했다. 하지만 부동산 도구들과 친해지는 것도 중요하지만 가장 중요한 것은 매일 매일 내가 아는 지역과 매물을 늘려나가는 것이다. 우리는 공부를 위함이 아니라 투자 대상을 찾는 것이기 때문이다. 부동산 이론과 기능을 익히는 것에만 몰두하고, 실제 매물 조사는 하지 않는 경우도 많은데 앞서 첫 번째 인터뷰 주인공인 '휴식이형'의 인터뷰 내용처럼 투자에 있어 꼭 재건축·재개발이 아니더라도 매물 조사는 매우 중요하다. 매물 조사를 매일 하다 보면 자연스럽게 시세를 익힐 수 있다. 그러다가 어느 순간 시세보다 저렴한 매물이 나왔을 때 스스로 '매수 적기'를 판단할 수 있게 된다.

다음 장에는 초보 투자가가 알아두면 좋을 '매물 조사' 샘플을 공유해두었다. 책에 직접 기재해보거나 노트, 엑셀 파일 등에 옮겨 써 보자. 당장은 아직 용기가 안 나서, 투자금이 부족해서, 실수로 잘못 산 집이 안 팔려서 등등의 이유로 투자할 수 없더라도 이 칸이 가득 채워질 때마다 매일매일 당신이 기록한 흔적이 '성장의 흔적'임을 꼭 기억하자.

작성 팁

1~5번(네이버 부동산 활용), 6번(아실 앱 활용)

1) 아파트 정보: 매물 검색을 통해 아파트 정보를 확인할 수 있다.

2) 최근 실거래가: 해당 매물 시세/실거래가 항목에서 실거래 이력을 확인할 수 있다.

3) 매물 정보: 매물 정보란에 해당 매물의 층, 향, 인테리어 상태, 부동산 중개소 정보 등이 적혀있으니 꼼꼼히 읽어보자.

4) 상승률: 상승률을 확인하는 이유는 관심 있는 매물의 가격 변동을 더 정확한 수치로 확인하기 위함이며, 상승률을 구하는 방법은 현재 가격에서 과거 가격(6개월/1년/2년)의 지역을 과거 가격으로 나누면 구할 수 있다. 참고로 시기별 실거래가 작성이 모호할 때는 KB시세 기준으로 작성하면 된다.

5) KB시세: 시세 정보 하단에서 KB시세를 확인함을 수 있다. KB시세는 주택담보대출의 기준이 되며, 관심 있는 매물과 KB시세 차이를 통해서 현재 매물의 적정 가격을 스스로 판단할 수 있도록 돕는다.

6) 지역 최고가: 지역 최고가는 아실 앱에서 확인해보는 방법(아실 앱→부동산 스터디→최고가)을 추천한다. 분구가 된 지역의 경우는 구별 최고가 아파트를 확인하고, 소도시는 전체에서 가장 최고가 아파트를 확인해보면 된다. 지역 최고가 매물을 확인한다는 것은 내가 매수하려고 하는 아파트가 지역에서 어느 정도의 위상을 가졌는지 읽기 가장 좋은 방법임으로, 호부자가 빠르게 지역의 입지 순서를 익힐 수 있는 역할을 해준다.

아는 지역 늘려나가기

1) 아파트 정보 / 2) 최근 실거래가(2022.11.) / 3) 매물(만원)

시/군/구	동	단지명	연식	세대수	평형	매매가	전세가	평	매매	층/향/특징
인천시 서구	가정동	루원시티 프라디움	2018	1,598	34	50,000	30,000	20,000	55,000	중문, 줄눈이, 집 상태 좋음 등

4) 상승률(%)

6개월	1년	2년
-30	-31	-6

5) KB시세

KB(일반)
55,333

6) 지역 최고가 아파트 정보

단지명	연식	세대수	최근 실거래가
청라한양수자인레이크블루	2019	1,534	90,000

* 해당 표에 기재된 예시는 2022년 11월 기준 네이버 부동산 실거래가 기준으로 작성되었으며, 개인의 견해와는 전혀 관련 없습니다.

당신이 포기하지 않는 한,
'안될 일'은 세상에 그 무엇도 없습니다

이 책은 저의 의지만으로는 절대 세상에 나올 수 없었을 것입니다. 우주방랑자의 <꼭 한번 만나 뵙고 싶습니다> 프로젝트에 참여해주시고, 생전 처음 보는 저의 취지에 공감하며 많은 사람에게 용기와 희망을 주는 데 뜻을 함께해주신 모든 분께 진심으로 감사드립니다. 제가 배우고 싶은 누군가의 귀한 인생 이야기를 옆에서 바로 들을 수 있어 정말 행복했습니다.

오늘도 어딘가에서 '난 대체 왜 이럴까?' 하는 고민으로 하루를 보내며 힘들었을 당신을 열렬히 응원합니다. 주변에서 아무리 안 된다고 하더라도, 설령 어떤 수치심과 실패 그리고 좌절이 있다 하더라도 항상 스스로에 대한 확신과 당당한 모습으로 자신만의 삶을 묵묵히 지켜나가셨으면 좋겠습니다.

반드시 뜻이 있는 곳엔 길이 있습니다. 이 책을 읽고 앞으로 펼쳐질 당신의 멋진 삶이 벌써 기대됩니다.

결혼에 목매지 말고,
부동산 투자부터
시작했으면 좋겠습니다

초판 1쇄 발행 2023년 01월 09일

지은이 우주방랑자
펴낸이 류태연

편집 이재영 I **디자인** 조언수

펴낸곳 렛츠북
주소 서울시 마포구 양화로11길 42, 3층(서교동)
등록 2015년 05월 15일 제2018-000065호
전화 070-4786-4823 I **팩스** 070-7610-2823
홈페이지 http://www.letsbook21.co.kr I **이메일** letsbook2@naver.com
블로그 https://blog.naver.com/letsbook2 I **인스타그램** @letsbook2

ISBN 979-11-6054-594-4 (13320)

* 이 책은 저작권법에 따라 보호를 받는 저작물이므로
  무단전재 및 복제를 금지하며, 이 책 내용의 전부 및 일부를 이용하려면
  반드시 저작권자와 도서출판 렛츠북의 서면동의를 받아야 합니다.
* 잘못된 책은 구입하신 서점에서 바꾸어 드립니다.